BRIGADEIROS MILIONÁRIOS

BRIGADEIROS MILIONÁRIOS

Plano de Negócios para lucrar 40.000 por mês com brigadeiros gourmet

JOÃO AUGUSTO DUKAS

CASA DO
ESCRITOR

São Paulo - SP
2024

Brigadeiros Milionários

Plano de Negócios para lucrar 40.000 por mês com brigadeiros gourmet

João Augusto Dukas

Editor

Eldes Saullo

Revisão

Triza Marsallo

Projeto Gráfico e Editorial

Casa do Escritor

Dados Internacionais de Catalogação na Publicação (CIP)

D877b Dukas, João Augusto.
Brigadeiros Milionários: Plano de Negócios para lucrar 40.000 por mês com brigadeiros gourmet. – 1ª Edição / João Augusto Dukas. - São Paulo - SP: Publicação Independente, 2024.

ISBN 979-8876525499

1. Gestão de Negócios 2. Negócios Culinários 3. Brigadeiros.
I. Título.

CDD 658

DEDICATÓRIA

À minha família, meu refúgio sagrado e o meu primeiro apoio em tudo.

Aos meus amigos, meus companheiros nesta jornada, que me desafiam, apoiam-me, riem e choram comigo, me proporcionando memórias maravilhosas.

Que estas páginas sejam um pequeno reflexo do carinho e força que vocês trouxeram para a minha vida.

Com amor e gratidão,

João Augusto Dukas

Sumário

APRESENTAÇÃO

O dinheiro não aceita desaforo! *(provérbio popular)*
Confesso que a jornada até aqui não foi fácil. Encarei três colapsos devastadores, cada um deles uma lição amarga sobre a importância da responsabilidade pessoal e do conhecimento no mundo dos negócios.

1. **Primeira Queda:** Adquiri uma empresa sem o menor conhecimento do setor ou de gestão empresarial. A falta de experiência e a incapacidade de liderança foram fatais e resultaram em falência em apenas seis meses.

2. **Segundo Revés:** Minha segunda falha veio da negligência. Investi meu dinheiro, mas não o administrei. Não monitorar e adaptar minha carteira de investimentos foi um erro crucial.

3. **Terceira Derrota:** A terceira vez foi talvez a mais dolorosa. O excesso de gastos e a falta de controle sobre minhas finanças pessoais me levaram a um estado de endividamento

crônico, consumindo mais do que podia e esgotando não apenas meus rendimentos, mas também meu capital principal.

Esses reveses me levaram a um ponto crítico: endividado e sobrecarregado por cinco empréstimos. As incessantes ligações de cobrança e a pressão constante foram uma experiência humilhante e angustiante.

A dor de encarar esses fracassos é imensa, tanto que recorri ao uso de um pseudônimo neste livro para proteger minha identidade. Mas, apesar do anonimato, as experiências e lições compartilhadas aqui são profundamente reais e pessoais. Meu caminho de recuperação envolveu um intenso processo de autoeducação

Assumo total responsabilidade pelos meus erros. No entanto, a derrota me ensinou lições valiosas.

Dediquei-me a absorver conhecimento em áreas cruciais para qualquer empresário: administração, gestão financeira, estratégias de negócios, gestão de pessoas, projetos e contabilidade. Enfrentei desafios, como mergulhar em cálculos e análises que antes evitava.

Através de mais de 30 livros técnicos, inúmeros cursos e horas incansáveis de estudo, gradualmente reconstruí minha vida financeira.

Este livro é o compêndio desse conhecimento adquirido, um guia prático que me ajudou a emergir da dívida e do desespero. Se você está enfrentando desafios financeiros, espero sinceramente que as estratégias e lições que compartilho aqui possam ajudá-lo a encontrar seu caminho para a recuperação e o sucesso.

João Augusto Dukas

INTRODUÇÃO

Em um mundo em que a gourmetização encontrou sua maneira de transformar até mesmo os alimentos mais comuns em delícias requintadas, os brigadeiros não foram exceção. Originários do Brasil, essas pequenas esferas macias de chocolate evoluíram de ser uma presença constante nas festas de aniversário para se tornarem a joia da coroa de confeitarias de luxo e vitrines de doces gourmet. No entanto, os brigadeiros gourmet são mais do que apenas uma tendência gastronômica — **eles são um negócio lucrativo e próspero.**

"Brigadeiros Milionários: Plano de Negócios para lucrar 40.000 por mês com brigadeiros gourmet" é um livro dedicado a todos aqueles apaixonados por doces e que sonham em transformar essa paixão em um negócio lucrativo. Porém, este não é apenas um livro de receitas — é um guia completo para ajudar você a entender o mercado, criar seu próprio negócio de brigadeiros gourmet e transformá-lo em um sucesso.

Ele irá levá-lo, através da história, dos brigadeiros das festas de aniversário infantis às vitrines das mais finas confeitarias. Exploraremos os segredos por trás da criação de receitas de brigadeiros gourmet deliciosos e irresistíveis. E, o mais importante, ofereceremos um caminho claro para navegar no mundo dos negócios: **da criação de sua marca, passando pelo marketing, até a gestão financeira.**

Entraremos no universo fascinante e saboroso dos brigadeiros gourmet, mostrando como essas pequenas delícias podem ser transformadas em uma fonte de renda significativa. Você descobrirá que, com criatividade, dedicação e o conhecimento certo, você pode transformar a simples ideia de vender brigadeiros em **um empreendimento próspero.**

Por isso, prepare-se para embarcar nesta doce jornada rumo ao sucesso. Não importa se você é um confeiteiro experiente ou um novato curioso, se você sonha em abrir sua própria loja ou apenas quer melhorar suas habilidades na cozinha. **"Brigadeiros Milionários: Plano de Negócios para lucrar 40.000 por mês com brigadeiros gourmet"** é o guia que você precisa para transformar seu amor pelos brigadeiros em uma carreira lucrativa e gratificante, mesmo começando pequeno

O melhor de tudo é que o modelo de negócios, ferramentas, insights, dicas etc. que apresentamos no livro servem, em verdade para qualquer tipo de negócio, não apenas para brigadeiros gourmet.

Não se intimide com a quantidade de informação. Este é um compêndio de alto nível. Não é necessário se preocupar em implantar tudo de uma vez. Você verá no Capítulo Cases de Sucesso que todos começaram bem pequeno.

Mas tenha em mente que o que faz um pequeno negócio quebrar é a falta de planejamento.

Não saber como precificar os produtos corretamente, quais são todos os custos do negócio, não compreender o fluxo de caixa de modo a não entender quanto precisa vender para ter lucro, etc., levam, sem misericórdia, empreendedores à falência nos primeiros meses de vida da empresa. Simples assim!

Sabendo de tudo isso, vamos ao mundo doce e fascinante dos brigadeiros gourmet. Pegue uma panela, seus ingredientes favoritos e vamos começar!

João Augusto Dukas

CAPÍTULO 1:
CASES DE SUCESSO

Casos de sucesso são um pilar fundamental quando se trata de inspirar e incentivar empreendedores em potencial. Eles desempenham um papel vital, fornecendo uma visão clara e viável de como uma ideia pode ser transformada em um negócio bem-sucedido, ilustrando o caminho potencial para o sucesso.

Cada história de sucesso é, em sua essência, uma história de superação. São histórias de indivíduos que enfrentaram obstáculos, que lidaram com a incerteza e que perseveraram através dos desafios inevitáveis que surgem no mundo dos negócios. Elas mostram que o caminho para o sucesso não é linear, mas cheio de altos e baixos.

Esses casos de sucesso se tornam, portanto, fontes de inspiração. Eles dão esperança e motivação para aqueles que estão pensando em começar seu próprio negócio, mostrando que é possível transformar uma ideia em uma realidade próspera.

Além disso, eles fornecem insights valiosos e lições práticas. Os erros que foram feitos e os obstáculos que foram superados servem como conselhos úteis para aqueles que desejam seguir um caminho semelhante. Assim, ao estudar casos de sucesso, futuros empreendedores podem aprender a evitar certos erros e a implementar estratégias eficazes que foram comprovadas no mundo real.

No contexto de brigadeiros gourmet, esses casos de sucesso não são apenas um testemunho da viabilidade do negócio, mas também uma celebração da criatividade, inovação e resiliência. Eles demonstram o potencial do mercado e a capacidade de se adaptar e crescer em um ambiente de negócios em constante mudança.

Assim, ao nos inspirarmos em casos de sucesso, estamos não apenas aprendendo com as experiências dos outros, mas também trazendo essa centelha de possibilidade para nossas próprias jornadas empreendedoras. Eles nos motivam a sonhar mais alto, a trabalhar mais e a persistir através dos desafios, em direção ao sucesso que buscamos.

D'LUCCA CONFEITARIA

Lucas Silveira Costa, 23 anos, formado em design, começou a fazer os doces para bancar uma faculdade de medicina na Argentina. Menos de um ano depois, já faturava R$ 30 mil por mês com as vendas e decidiu criar a D'Lucca Confeitaria.

Lucas fatura R$ 50 mil por mês vendendo brigadeiros gourmet em Brasília e por encomenda para a região do Distrito Federal.

A estratégia adotada por Lucas é percorrer as ruas de regiões com poder aquisitivo maior e também abordar os potenciais clientes vestido como chef. "Eles veem que é diferente e consigo abertura para oferecer meus produtos. Me dão atenção porque não chego pedindo ajuda, trago autoridade e mostro que sei o que estou fazendo."

MARIA BRIGADEIRO

A Maria Brigadeiro é uma das mais renomadas confeitarias de brigadeiros gourmet no Brasil e uma verdadeira pioneira neste mercado. Fundada por Juliana Motter em 2007, em São Paulo, foi a primeira loja no país dedicada exclusivamente a esse doce brasileiro.

Juliana não apenas elevou o brigadeiro ao status de gourmet com sua abordagem artesanal e ingredientes de alta qualidade, mas também conseguiu construir uma marca de sucesso que agora é reconhecida internacionalmente.

A Maria Brigadeiro oferece uma variedade de sabores, cada um feito à mão e preparado com ingredientes naturais, sem conservantes ou aditivos. O chocolate utilizado vem de produtores brasileiros que seguem práticas sustentáveis. A loja também oferece opções de presentes com embalagens criativas e elegantes, além de oficinas onde os clientes podem aprender a fazer seus próprios brigadeiros gourmet.

Uma das principais estratégias de sucesso da Maria Brigadeiro tem sido sua dedicação à qualidade e à experiência do cliente. A marca se esforça para proporcionar uma experiência memorável, desde a primeira mordida até a compra na loja ou online.

A Maria Brigadeiro não apenas conseguiu estabelecer uma forte presença no Brasil, mas também expandiu seu alcance para outros mercados, com produtos disponíveis em lojas selecionadas ao redor do mundo e através de seu site. Com o passar dos anos, a marca se tornou um emblema da confeitaria brasileira, representando a inovação e a tradição do brigadeiro.

O sucesso da Maria Brigadeiro demonstra como um foco na qualidade, uma forte identidade de marca e a capacidade de se adaptar às mudanças nas demandas dos consumidores podem ajudar uma empresa a se destacar em um mercado competitivo.

BRIGADERIA CHIC

Carolina Sales, mestre em Medicina Veterinária e estudante de Medicina, decidiu vender brigadeiros para levantar uma graninha extra. O faturamento anual da empresa de Carolina hoje está em mais de R$ 1,2 milhão!

Carolina conseguiu chegar a uma receita que possibilita o congelamento do doce e garante seu sabor e textura após descongelamento. Além do carro-chefe, o brigadeiro congelado de chocolate belga, estão disponíveis na Brigaderia Chic o brigadeiro congelado branco belga, brigadeiros "fit", chocolates, bolos, cupcakes e outros doces. A empresária tem hoje duas lojas próprias.

BRIGADERIA

A Brigaderia é uma confeitaria brasileira com sede em São Paulo, fundada em 2010 por Taciana

Kalili, que teve a visão de reinventar a maneira como os brasileiros veem e consomem o tradicional brigadeiro. O objetivo da empresa sempre foi claro: criar uma experiência única ao redor do brigadeiro, elevando-o a um nível gourmet.

A estratégia de negócio da Brigaderia foi centrada em três pilares principais: qualidade do produto, experiência do cliente e inovação. Todos os brigadeiros são feitos artesanalmente com os melhores ingredientes, garantindo um produto final de alta qualidade. Além disso, a empresa presta muita atenção aos detalhes, seja na apresentação dos produtos, na embalagem, ou no serviço prestado aos clientes.

No entanto, o que realmente diferencia a Brigaderia é a sua inovação constante. A empresa está sempre buscando novos sabores e experiências para oferecer aos seus clientes, o que inclui uma gama de produtos sazonais e temáticos que são atualizados regularmente.

Além das lojas físicas, a Brigaderia também mantém uma forte presença online, permitindo que os clientes encomendem seus produtos e os recebam em casa. A empresa também oferece serviços de catering para eventos e tem uma linha de produtos para presente.

A Brigaderia é um excelente exemplo de como uma empresa pode reinventar um produto tradicional, mantendo a sua essência, mas apresentando-o de uma nova forma que ressoa com os clientes modernos. O sucesso da Brigaderia prova que, com uma estratégia sólida e uma execução cuidadosa, é possível criar um negócio próspero e de sucesso no mercado de brigadeiros gourmet.

FABIANA D'ANGELO

Fabiana D'Angelo é outra referência quando se trata de brigadeiros gourmet no Brasil. Localizada no Rio de Janeiro, a marca de brigadeiros de Fabiana começou em 2004 e, desde então, se expandiu para incluir diversas lojas e quiosques em alguns dos locais mais prestigiados da cidade.

O sucesso da marca de Fabiana se baseia em uma combinação de ingredientes de alta qualidade, habilidade artesanal e uma paixão autêntica pelo doce brasileiro. Cada brigadeiro é feito à mão com ingredientes selecionados, incluindo chocolate belga de alta qualidade, e é apresentado em embalagens elegantes que refletem a sofisticação da marca.

Mas o que realmente distingue Fabiana D'Angelo é a sua inovação constante. Ela é conhecida por experimentar novos sabores e combinações, que vão além do tradicional chocolate, incluindo versões com frutas como maracujá e morango, ou combinações inusitadas como chocolate branco e wasabi. Ela também lançou uma linha de brigadeiros sem açúcar, atendendo a um segmento crescente de consumidores preocupados com a saúde.

A marca Fabiana D'Angelo é um ótimo exemplo de um negócio de brigadeiros gourmet que conseguiu equilibrar a tradição e a inovação. Ela mostra que, mesmo em um mercado competitivo, há espaço para negócios que estão dispostos a se destacar através da qualidade, criatividade, e de uma compreensão clara de suas audiências-alvo.

SWEETBRIGADEIRO

O SweetBrigadeiro é um negócio de brigadeiros gourmet que se distingue não apenas pelo seu produto de alta qualidade, mas também pela forma como conseguiu construir uma forte presença online e aproveitar o mercado internacional.

Fundado por Marcela Ferrão, uma brasileira baseada em Salt Lake City, Utah, nos Estados Unidos, o SweetBrigadeiro levou o doce favorito do Brasil para um novo público. Utilizando apenas ingredientes de alta qualidade e técnicas tradicionais de confecção de brigadeiros, Marcela foi capaz de apresentar aos americanos um doce que eles mal conheciam, mas que rapidamente adoraram.

A loja online do SweetBrigadeiro desempenhou um papel fundamental na expansão da marca. Ao oferecer envio para todo o país, Marcela foi capaz de alcançar clientes além de sua localização física em Salt Lake City. Além disso, ela fez um uso eficaz das redes sociais para promover sua marca e conectar-se com os clientes.

Outro aspecto interessante do SweetBrigadeiro é a variedade de sabores oferecidos. Além dos tradicionais brigadeiros de chocolate, a loja também oferece sabores inusitados como churros, piña colada, café, limão e morango, proporcionando uma nova rotação em um doce clássico.

O sucesso do SweetBrigadeiro mostra o potencial de levar produtos tradicionais a novos mercados, bem como a importância de ter uma forte presença online em um mundo cada vez mais digital.

BRIGADEIRO BAKERY

Localizada em Nova Iorque, a Brigadeiro Bakery traz a autêntica experiência do doce brasileiro para o coração da cidade mais cosmopolita do mundo. Fundada por Mariana Vieira, a empresa começou em 2014 como uma loja online e desde então expandiu-se para uma loja física no bairro do SoHo.

A Brigadeiro Bakery se destaca por sua dedicação em trazer os sabores autênticos do Brasil para o público norte-americano. Eles oferecem uma ampla variedade de sabores de brigadeiro, cada um cuidadosamente feito à mão, usando ingredientes de alta qualidade. A empresa se orgulha de oferecer doces sem glúten, feitos com ingredientes não transgênicos e chocolate belga de alta qualidade.

A estratégia de negócios da Brigadeiro Bakery se concentra não apenas na venda de brigadeiros, mas também na experiência que eles proporcionam aos seus clientes. A empresa acredita que cada detalhe importa, desde o sabor e a textura dos doces até a embalagem e o atendimento ao cliente. Além disso, a Brigadeiro Bakery também oferece aulas de culinária, onde os clientes podem aprender a fazer seus próprios brigadeiros gourmet.

A Brigadeiro Bakery é um exemplo inspirador de como o amor por um doce tradicional pode ser transformado em um negócio de sucesso. Sua história mostra como é possível expandir uma marca de alimentos regional para mercados internacionais, mantendo a autenticidade e a qualidade do produto. A empresa demonstra que a chave para o sucesso na indústria de alimentos gourmet é oferecer produtos de qualidade, proporcionar uma ótima experiência ao cliente e adaptar-se continuamente às demandas do mercado.

João Augusto Dukas

CAPÍTULO 2:
O MUNDO DOCE
DOS BRIGADEIROS

2.1 A HISTÓRIA DO BRIGADEIRO

O brigadeiro é uma iguaria que faz parte da identidade brasileira. Surgindo no contexto político do século XX, este doce se tornou sinônimo de festividade e união, presente nas comemorações desde as mais simples às mais extravagantes.

A origem do nome "brigadeiro" é intrigante e está diretamente ligada à figura do Brigadeiro Eduardo Gomes, um político e militar que se candidatou à presidência do Brasil duas vezes.

Durante sua primeira campanha, a economia brasileira estava sofrendo com a escassez de produtos devido à Segunda Guerra Mundial, incluindo a falta de açúcar refinado e de farinha de trigo. Para contornar a situação e angariar fundos, os apoiadores de Eduardo Gomes criaram um doce simples, que exigia poucos ingredientes — leite condensado, manteiga e chocolate em pó.

O doce ganhou o nome de "brigadeiro" em homenagem ao candidato e rapidamente conquistou o paladar dos brasileiros. Apesar de Eduardo Gomes não ter sido eleito — ele ficou conhecido por seu lema "Vote no brigadeiro, pois é bonito e solteiro" —, o doce que leva seu nome tornou-se um verdadeiro fenômeno cultural.

O brigadeiro transcendeu as barreiras das campanhas eleitorais e se consolidou como o doce favorito nas festas de aniversário e outras celebrações brasileiras. Ao longo dos anos, a receita original foi passada de geração em geração, se tornando um verdadeiro ícone da culinária brasileira.

A simplicidade da receita original do brigadeiro permitiu que, décadas mais tarde, ele fosse reinventado e transformado em uma versão gourmet, dando origem a um novo capítulo na sua história.

2.2 O QUE É UM BRIGADEIRO GOURMET?

A ideia de transformar o brigadeiro em um doce gourmet surgiu com a gourmetização de comidas tradicionais, uma tendência gastronômica que começou a ganhar força na década de 2010. Os brigadeiros gourmet são uma versão sofisticada e criativa do brigadeiro tradicional, utilizando ingredientes de alta qualidade, sabores variados e apresentações caprichadas.

Os brigadeiros gourmet podem ter sabores que vão além do chocolate, como pistache, morango, paçoca, limão siciliano, cappuccino, cerveja preta, pimenta, capim-santo, cupuaçu, entre outros. Além disso, a decoração desses doces é um aspecto fundamental, muitas vezes utilizando confeitos especiais, chocolate belga, nozes, ou até mesmo folha de ouro para cobertura.

2.3 A POPULARIDADE E O APELO DOS BRIGADEIROS GOURMET

Como dissemos, a gourmetização de alimentos é um fenômeno que se intensificou com a expansão da cultura gastronômica mundial e a valorização de experiências culinárias autênticas e sofisticadas. Não demorou muito para que o humilde brigadeiro recebesse sua própria transformação gourmet, tornando-se uma atração à parte nas vitrines de confeitarias e festas.

Os brigadeiros gourmet ganharam popularidade por vários motivos. Primeiro, eles mantêm a essência do brigadeiro tradicional, que evoca nostalgia e lembranças felizes de infância e celebrações para muitos brasileiros. Ao mesmo tempo, os brigadeiros gourmet apresentam sabores e texturas novas e interessantes, agradando ao paladar cada vez mais sofisticado dos consumidores modernos.

O apelo dos brigadeiros gourmet vai além do sabor. A apresentação também é um componente importante de sua popularidade. Muitas vezes decorados com grande atenção aos detalhes e embalados em caixas elegantes, os brigadeiros gourmet se transformaram em um presente desejado e uma opção sofisticada para servir em eventos e ocasiões especiais.

Os doces também oferecem uma variedade quase ilimitada de sabores, desde os mais tradicionais, como chocolate e morango, até os mais exóticos e criativos, como gorgonzola, vinho do porto, lavanda e muitos outros. Essa variedade amplia ainda mais o apelo desses doces, pois eles podem ser personalizados para atender a uma ampla gama de preferências.

Por fim, o sucesso dos brigadeiros gourmet também é um reflexo de uma tendência mais ampla na culinária contemporânea: a valorização de alimentos feitos artesanalmente, com ingredientes de alta qualidade. Em um mundo cada vez mais dominado por produtos indústria-lizados, os brigadeiros gourmet oferecem uma alternativa que une sabor, arte e tradição.

A popularidade dos brigadeiros gourmet, no entanto, também apresenta oportunidades de negócio. Agora, o sucesso de qualquer negócio depende da paixão e dedicação que você coloca nele.

Nos próximos capítulos, vamos explorar como transformar essa paixão por esses doces requintados em um negócio lucrativo, discutindo estratégias de marketing, precificação e vendas para o seu negócio de brigadeiros gourmet.

João Augusto Dukas

CAPÍTULO 3:
PLANEJANDO SEU NEGÓCIO DE BRIGADEIROS GOURMET

Este capítulo irá orientá-lo através das primeiras e mais importantes etapas para iniciar seu negócio de brigadeiros gourmet. Desde a elaboração de um plano de negócios sólido até a definição de sua proposta de valor, estas etapas serão a fundação sobre a qual seu negócio irá crescer e prosperar.

Toda grande ideia de negócio começa com um plano sólido. Este segmento irá orientá-lo sobre como elaborar um plano de negócios abrangente, que irá agir como um mapa do tesouro para o sucesso do seu negócio. Ele deve abordar aspectos-chave, como sua visão e missão, análise do mercado e competição, estratégia de marketing e vendas e previsões financeiras.

Conhecer o seu mercado-alvo é crucial para o sucesso do seu negócio. Quem são os clientes que irão amar e comprar seus brigadeiros gourmet? Nesta seção, discutiremos como realizar pesquisas de mercado, criar perfis de clientes ideais e entender o que seus clientes em potencial estão procurando em um brigadeiro gourmet.

Sua proposta de valor é o que distingue sua empresa de todas as outras. É a promessa que você faz aos seus clientes sobre o que eles podem esperar de seus produtos. Nesta seção, vamos explorar como definir uma proposta de valor forte que ressoará com seu mercado-alvo e dará a seus brigadeiros gourmet uma vantagem competitiva.

Começando pelo plano de negócio...

3.1 METODO CANVAS

O Business Model Canvas é uma ferramenta de planejamento estratégico que permite desenvolver e esboçar modelos de negócios novos ou existentes. Foi proposto por Alexander Osterwalder e Yves Pinguei em seu livro *"Business Model Generation"*.

O canvas é visual e intuitivo, facilitando a compreensão do modelo de negócios. Por isso o escolhemos para o nosso projeto pessoal e o compartilhamos com vocês neste livro.

Ele é composto por nove blocos, cada um representando um elemento essencial do modelo de negócios.

Montar um negócio de brigadeiros gourmet pode ser um empreendimento muito desafiador, mas também extremamente gratificante e lucrativo. Para ter sucesso, é importante contar com um planejamento sólido e bem estruturado. É aqui que entra o Business Plan, ou Plano de Negócios.

O Business Plan é uma ferramenta essencial para quem quer montar qualquer tipo de empreendimento. Ele é responsável por apresentar as principais informações e análises do negócio, como a análise de mercado, a definição do público-alvo, a estrutura de custos, as fontes de receita, entre outras.

Com o Business Plan, é possível entender melhor o mercado e as tendências de consumo, definir estratégias de marketing e vendas mais eficazes e estimar os custos e receitas do negócio. Além disso, o plano permite que o empreendedor tenha uma visão mais clara e realista sobre as chances de sucesso do negócio, possibilitando ajustes e adaptações antes mesmo da abertura.

Além disso, o business plan também é uma ferramenta valiosa para apresentar o negócio a investidores, parceiros e fornecedores. Ele demonstra que o empreendedor está comprometido e possui uma visão clara e estratégica do negócio.

Em resumo, elaborar um business plan para montar um negócio de brigadeiros gourmet é fundamental para planejar, estruturar e implementar a ideia de forma eficiente e bem-sucedida. Ele permite avaliar a viabilidade do negócio, definir as estratégias e metas e demonstrar o comprometimento e visão estratégica do empreendedor. Vamos começar...

A) Segmentos de Clientes: Para quem estamos criando valor? Quem são nossos clientes mais importantes?

B) Proposta de Valor: Que valor entregamos aos clientes? Que problema dos nossos clientes estamos ajudando a resolver?

C) Canais: Por meio de quais canais nossos segmentos de clientes querem ser alcançados? Como os estamos alcançando agora?

D) Relacionamento com Clientes: Que tipo de relação cada um dos nossos segmentos de clientes espera que estabeleçamos e mantenhamos com eles?

E) Fontes de Receita: Quais valores estão realmente dispostos a pagar nossos clientes? Como/quanto estão pagando atualmente?

F) Recursos-Chave: Quais recursos-chave nossa proposta de valor requer? Nossos canais de distribuição? Relacionamento com o cliente? Fontes de receita?

G) Atividades-Chave: Que atividades-chave nossa proposta de valor requer? Que atividades-chave nossos canais de distribuição requerem? Que atividades-chave nosso relacionamento com o cliente requer? Que atividades-chave nossas fontes de receita requerem?

H) Parcerias Principais: Quem são nossos parceiros principais? Quem são nossos fornecedores principais? Que recursos-chave estamos adquirindo dos parceiros? Que atividades-chave os parceiros executam?

I) Estrutura de Custos: Quais são os custos mais importantes inerentes ao nosso modelo de negócios? Que recursos-chave/atividades-chave são mais caras?

Em resumo, o Business Model Canvas é uma ferramenta que ajuda a visualizar todas as partes importantes de um negócio. Ao preencher esses blocos, você terá uma visão geral de como a sua empresa cria, entrega e captura valor.

Vamos compartilhar o Business Plan para um negócio de brigadeiros gourmet que permite o faturamento de 40.000 (quarenta mil) reais por mês.

IMPORTANTE: Como já dissemos, você pode começar pequeno, com poucos materiais, equipamentos e mão de obra até chegar lá, mas nunca abrindo mão da ALTA QUALIDADE dos ingredientes, das BOAS PRÁTICAS de manipulação de alimentos e da EXCELÊNCIA NO ATENDIMENTO DE CLIENTES.

A) SEGMENTO DE CLIENTES:

Clientes gourmet

Consumidores buscando por presentes diferenciados

Eventos corporativos

Festas e eventos sociais (casamentos, aniversários, etc.)

Clientes locais

B) PROPOSTA DE VALOR:

Brigadeiros gourmet feitos à mão com ingredientes de alta qualidade

Variedade de sabores exóticos e exclusivos

Opções de personalização para presentes e eventos

Opções *diet*, veganas, sem lactose e sem glúten

C) CANAIS:

Loja física

Loja online (website e redes sociais)

Parcerias com casas de festas e empresas de catering

Marketplaces de comida

D) RELACIONAMENTO COM CLIENTES:

Atendimento personalizado na loja física

Suporte online através do website e redes sociais

Programa de fidelidade com descontos e promoções exclusivas

E) FONTES DE RECEITA:

Venda direta ao consumidor na loja física e online

Venda por atacado para eventos e empresas de catering

Venda através de marketplaces

F) RECURSOS-CHAVE:

Ingredientes de alta qualidade

Cozinha equipada para produção dos brigadeiros

Website e plataformas de mídia social

Equipe de vendas e produção

G) ATIVIDADES-CHAVE:

Produção dos brigadeiros

Gestão do estoque de ingredientes

Marketing e promoção dos produtos

Atendimento ao cliente

H) PARCERIAS-CHAVE:

Fornecedores de ingredientes

Empresas de catering e casas de festas

Plataformas de marketplaces

Comerciantes locais

I) ESTRUTURA DE CUSTO:

Compra de ingredientes

Aluguel e manutenção da cozinha e loja física

Salários e benefícios da equipe

Marketing e publicidade

Custos de envio para vendas online

Adiante vamos detalhar cada item.

A. SEGMENTOS DE CLIENTES

Os segmentos de clientes são grupos específicos de pessoas ou empresas que têm necessidades e características semelhantes e que podem ser atendidos por uma empresa de forma eficiente e rentável.

No modelo de negócios para vender 40 mil reais por mês com brigadeiros gourmet, alguns dos segmentos de clientes que a empresa pode considerar são:

Clientes gourmet

Pessoas que valorizam a alta qualidade e a sofisticação dos alimentos e estão dispostas a pagar mais por produtos premium, como brigadeiros gourmet. Esse segmento pode incluir pessoas de alta renda que buscam experiências gastronômicas diferenciadas e que podem ser atraídas por sabores exóticos, ingredientes especiais e embalagens sofisticadas.

Clientes de presentes

Pessoas que buscam presentear amigos e familiares com um produto exclusivo e sofisticado, como brigadeiros gourmet. Esse segmento pode incluir pessoas que buscam presentes de aniversário, casamento, formatura, ou outras ocasiões especiais.

Clientes corporativos

Empresas que buscam presentear funcionários, parceiros e clientes com produtos gourmet, como brigadeiros gourmet. Esse segmento pode incluir empresas de diversos setores, como financeiro, tecnologia, saúde, entre outros.

Clientes de eventos

Pessoas que buscam produtos gourmet para eventos, como casamentos, festas de aniversário, eventos corporativos, entre outros. Esse segmento pode incluir empresas de eventos, organizadores de festas e pessoas que buscam produtos gourmet para eventos particulares.

Clientes locais

Pessoas que moram ou trabalham na região onde a empresa está localizada e que buscam produtos gourmet de alta qualidade. Esse segmento pode incluir pessoas que visitam a loja física da empresa, bem como aqueles que compram pela internet.

A empresa deve avaliar os diferentes segmentos de clientes e definir qual ou quais serão os mais relevantes para o negócio. É necessário entender as necessidades e demandas de cada segmento, criar soluções que atendam a essas necessidades e desenvolver uma estratégia de marketing específica para cada um.

Além disso, é importante monitorar constantemente os segmentos de clientes, avaliar a lucratividade de cada um e fazer ajustes na estratégia, se necessário, para maximizar as vendas e a satisfação dos clientes.

B. PROPOSTA DE VALOR

A proposta de valor em um modelo de negócios é a maneira como uma empresa se diferencia de seus concorrentes e oferece valor único e significativo para seus clientes.

É um elemento chave para a construção de um modelo de negócios de sucesso. Ela ajuda a definir a identidade e a diferenciação da empresa no mercado, a atrair e fidelizar clientes e a maximizar os lucros. A proposta de valor deve ser clara e bem definida, e estar alinhada com as necessidades e demandas do mercado e do público-alvo.

A proposta de valor pode ser a seguinte:

Variedade de sabores

Oferecer uma ampla variedade de sabores de brigadeiros gourmet, com ingredientes selecionados e combinações inusitadas, que atendam aos gostos e preferências dos clientes.

Qualidade dos produtos

Garantir a qualidade dos produtos, utilizando ingredientes de alta qualidade, técnicas de produção cuidadosas e um padrão de qualidade que garanta a satisfação dos clientes.

Atendimento personalizado

Oferecer um atendimento personalizado, que atenda às necessidades e demandas dos clientes e resolva eventuais problemas ou dúvidas que possam surgir.

Experiência de compra

Proporcionar uma experiência de compra agradável e diferenciada, que vá além da simples transação comercial, mas que gere emoções e memórias positivas para os clientes.

Inovação

Estar sempre inovando e criando novos sabores e produtos, que surpreendam e encantem os clientes, e que sejam diferenciados dos concorrentes.

C. CANAIS DE DISTRIBUIÇÃO

São os meios pelos quais a empresa leva seus produtos e serviços até os clientes. Canais importantes:

Loja virtual

A loja virtual é um canal importante para vender os brigadeiros gourmet pela internet. A empresa pode utilizar plataformas de e-commerce, como o Shopify ou o iFood, para criar uma loja online fácil de navegar e que ofereça opções de pagamento seguras.

Loja física

Uma loja física em um ponto estratégico pode ser uma forma eficiente de alcançar os clientes locais e oferecer uma experiência de compra diferenciada.

Parceiros de vendas

Parcerias com lojas físicas, restaurantes e outros estabelecimentos que possam vender os brigadeiros gourmet em seus estabelecimentos, ampliando o alcance da marca e gerando novas oportunidades de venda.

Marketplaces

A empresa pode utilizar marketplaces iFood e UberEats para ampliar o alcance da marca e aumentar as vendas.

Redes sociais

As redes sociais podem ser um canal importante para a divulgação dos produtos e a criação de um relacionamento com os clientes. É possível utilizar plataformas como o Instagram, Facebook e Twitter para divulgar a marca, lançar promoções e interagir com os clientes.

E-mail marketing

O e-mail marketing é uma forma eficiente de manter os clientes informados sobre novos produtos, promoções e outras novidades da empresa.

Eventos

Participar de eventos gastronômicos, feiras e festivais é uma oportunidade para vender os brigadeiros gourmet e divulgar a marca. Ao avaliar os resultados dos diferentes canais de distribuição, é possível definir qual ou quais serão os mais relevantes para o negócio. Por tal razão, o monitoramento constante dos canais de distribuição é muito importante para avaliar a efetividade de cada um e fazer ajustes na estratégia, se necessário, para maximizar as vendas e a satisfação dos clientes.

D. RELACIONAMENTO COM OS CLIENTES

O relacionamento com os clientes é um aspecto importante de qualquer negócio e pode ser decisivo para o sucesso ou fracasso de uma empresa do mercado de luxo. No modelo de negócios para vender 40 mil reais por mês com brigadeiros gourmet, o relacionamento com os clientes deve ser uma das principais preocupações da empresa.

Formas de relacionamento com os clientes:

Atendimento personalizado

Oferecer um atendimento personalizado e de qualidade aos clientes, respondendo rápidamente às suas dúvidas, reclamações ou sugestões. A empresa deve ter uma equipe de atendimento ao cliente bem treinada e qualificada, que seja capaz de atender às demandas dos clientes de forma eficiente.

Canal de comunicação

Disponibilizar diferentes canais de comunicação para os clientes, como chat online, telefone, e-mail e redes sociais, para que possam entrar em contato com a empresa de forma rápida e fácil.

Feedback dos clientes

Pedir feedback dos clientes para entender suas necessidades e expectativas e utilizar essas informações para melhorar a qualidade dos produtos e serviços oferecidos.

Promoções e descontos

Oferecer promoções e descontos para clientes fiéis ou para incentivar a compra de produtos em momentos específicos, como datas comemorativas ou eventos especiais.

Programa de fidelidade

Criar um programa de fidelidade que ofereça benefícios e vantagens exclusivas para clientes que compram com frequência ou que gastam acima de determinado valor.

Pós-venda

Oferecer um pós-venda de qualidade, com acompanhamento da entrega dos produtos, solução de eventuais problemas e agradecimento pelo negócio fechado.

Inovação

Estar sempre inovando e criando novos sabores e produtos que surpreendam e encantem os clientes, e que sejam diferenciados dos concorrentes.

Deve-se preocupar em manter um relacionamento de qualidade com os clientes, que seja pautado pela transparência, honestidade e respeito. O objetivo é construir um relacionamento duradouro com os clientes, que os mantenha satisfeitos e leais à marca.

E. FONTES DE RECEITA

As fontes de receita são as formas pelas quais a empresa gera receita a partir da venda de seus produtos e serviços. Algumas das principais fontes de receita que propomos no modelo de negócios deste livro:

Venda online

A venda online é uma das principais fontes de receita para empresas que vendem produtos alimentícios. É possível criar uma loja virtual, utilizando plataformas de e-commerce como o Shopify ou iFood, e vender os brigadeiros gourmet pela internet.

Venda em pontos físicos

Além da venda online, é possível vender os brigadeiros gourmet em lojas físicas, como quiosques em shoppings centers, lojas especializadas em doces e confeitaria, e restaurantes e cafeterias.

Venda em eventos

Participar de eventos gastronômicos, feiras e festivais é uma oportunidade para vender os brigadeiros gourmet e divulgar a marca. Atenção ao selecionar eventos que estejam alinhados com a estratégia da empresa e que tenham um público-alvo relevante.

Venda por atacado

Vender por atacado para empresas que desejam oferecer os brigadeiros gourmet em seus estabelecimentos, como lojas de presentes, hotéis e restaurantes, é uma oportunidade para gerar receita, além de ampliar o alcance da marca.

Cursos e workshops

Oferecer cursos e workshops sobre a produção de brigadeiros gourmet também é uma forma de gerar receita adicional e divulgar a marca. É importante que os cursos sejam de qualidade e ofereçam uma experiência diferenciada para os participantes. Lembre-se sempre de que é um produto do mercado de luxo.

Assinatura de caixas gourmet

A venda de assinaturas de caixas gourmet, com diferentes sabores de brigadeiros gourmet, pode ser uma forma interessante de gerar receita recorrente e fidelizar clientes. Avalie as diferentes fontes de receita e defina qual ou quais serão as mais relevantes para o negócio. Também monitore constantemente as fontes de receita, avalie a lucratividade de cada uma e faça ajustes na estratégia, se necessário, para maximizar a geração de receita.

F. RECURSOS-CHAVE

São os principais recursos necessários para que uma empresa possa realizar suas atividades-chave e entregar sua proposta de valor ao mercado. Como já disse, você pode começar pequeno, com uma só pessoa e equipamentos modestos. Só não pode abrir mão da qualidade, de boas práticas e excelência no atendimento.

Matérias-primas

Ingredientes de alta qualidade, como chocolate, leite condensado, creme de leite, e outros itens necessários para a produção dos brigadeiros gourmet.

Equipamentos

Equipamentos específicos para a produção dos brigadeiros, como panelas, batedeiras, formas e outros utensílios necessários para a produção em larga escala.

Instalações

Instalações adequadas para a produção, armazenamento e embalagem dos produtos. Isso pode incluir uma cozinha industrial, um espaço para armazenagem de matérias-primas e produtos acabados, e um espaço para embalagem dos produtos.

Para iniciar o negócio, é possível adequar uma pequena cozinha às BOAS PRÁTICAS de manipulação de alimentos.

São práticas de higiene que devem ser obedecidas pelos manipuladores desde a escolha e compra dos produtos a serem utilizados no preparo do alimento até a venda para o consumidor.

O objetivo das Boas Práticas é evitar a ocorrência de doenças provocadas pelo consumo de alimentos contaminados.

Tecnologia

Ferramentas tecnológicas para a gestão do negócio, como softwares de gestão financeira, sistemas de gestão de estoque e plataformas de e-commerce para a venda online dos produtos.

Mão de obra

Uma equipe qualificada e experiente para a produção dos brigadeiros gourmet, gestão do estoque, marketing, atendimento ao cliente, logística de entrega e gestão financeira.

Marca e reputação

Uma marca forte e uma reputação sólida no mercado, que inspire confiança e credibilidade nos clientes e parceiros.

Capital de giro

Recursos financeiros para a aquisição de matérias-primas, equipamentos e investimentos em marketing e inovação.

Esses são alguns dos recursos-chave que você precisa ter para entregar sua proposta de valor ao mercado e atingir sua meta de vendas. Devem estar alinhados com a estratégia do negócio e ser gerenciados de forma eficiente e eficaz, para garantir a satisfação dos clientes e a maximização dos lucros.

G. ATIVIDADES-CHAVE

São as principais tarefas que uma empresa precisa realizar para entregar sua proposta de valor ao mercado. No modelo de negócios para vender 40 mil reais por mês com brigadeiros gourmet, algumas das atividades-chave incluem:

Produção dos brigadeiros

Produzir brigadeiros gourmet de alta qualidade, utilizando ingredientes selecionados e técnicas de produção cuidadosas. É importante definir receitas, padrões de qualidade e processos produtivos eficientes para garantir a consistência dos produtos.

Gestão do estoque

Gerenciar o estoque de matérias-primas e produtos acabados, garantindo que haja sempre uma quantidade suficiente de produtos para atender à demanda. Isso envolve a definição de níveis de estoque, previsões de demanda e adoção de sistemas de gestão de estoque eficientes.

Marketing

Desenvolver e implementar estratégias de marketing para atrair e engajar os clientes, utilizando canais online e offline, como redes sociais, anúncios pagos, e-mail marketing, eventos e parcerias. Deve-se monitorar os resultados das campanhas de marketing e ajustar as estratégias para maximizar os resultados.

Atendimento ao cliente

Oferecer um atendimento personalizado e eficiente para os clientes, que responda às suas dúvidas, solucione seus problemas e crie uma experiência de compra agradável e diferenciada. Isso pode envolver o uso de chatbots, SAC (Serviço de Atendimento ao Cliente) via telefone, e-mail ou redes sociais.

Logística de entrega

Gerenciar a logística de entrega dos produtos, garantindo que os pedidos sejam entregues dentro do prazo combinado e em perfeitas condições. Isso pode envolver a contratação de parceiros logísticos confiáveis, a definição de políticas de frete e a adoção de embalagens adequadas para o transporte.

Gestão financeira

Gerenciar as finanças do negócio, garantindo que as contas estejam em dia, que os impostos sejam pagos corretamente e que o lucro seja maximizado. Envolve a adoção de ferramentas de gestão financeira, como um software de controle de fluxo de caixa, e a análise constante dos resultados financeiros do negócio.

Inovação

Estar sempre inovando e criando novos sabores e produtos, que surpreendam e encantem os clientes, e que sejam diferenciados dos concorrentes. Por exemplo: pesquisa de novas receitas, adoção de ingredientes diferenciados e realização de testes com os clientes para avaliar a aceitação dos novos produtos.

H. PARCERIAS-CHAVE

Acordos estratégicos que uma empresa estabelece com outras empresas ou organizações para otimizar seus recursos e capacidades, reduzir custos, aumentar a eficiência e ampliar seu alcance no mercado. Exemplos:

Fornecedores de matérias-primas

Parcerias com fornecedores de matérias-primas de alta qualidade, que possam garantir a disponibilidade e a qualidade dos ingredientes necessários para a produção dos brigadeiros gourmet.

Parceiros logísticos

Parcerias com empresas de logística que possam garantir a entrega dos produtos em toda a região atendida, de forma rápida, segura e eficiente.

Parceiros de marketing

Parcerias com empresas ou influenciadores digitais que possam ajudar a divulgar a marca e os produtos, aumentando a visibilidade da empresa e atraindo novos clientes.

Parceiros de eventos

Parcerias com organizadores de eventos gastronômicos e feiras de negócios, para participar desses eventos e divulgar a marca e os produtos.

Parceiros de vendas

Parcerias com lojas físicas, restaurantes e outros estabelecimentos que possam vender os brigadeiros gourmet em seus estabelecimentos, ampliando o alcance da marca e gerando novas oportunidades de venda.

Parceiros de inovação

Parcerias com empresas ou organizações que possam ajudar a desenvolver novos sabores, produtos e tecnologias para aprimorar os processos e diferenciação da empresa.

I. ESTRUTURA DE CUSTOS

A estrutura de custos é um elemento importante de qualquer modelo de negócios e tem um impacto significativo na rentabilidade da empresa. As principais categorias de custos que a empresa pode considerar no modelo de negócios que propomos são:

Custo dos ingredientes

Os custos dos ingredientes utilizados na produção dos brigadeiros gourmet é uma das principais categorias de custos da empresa. A empresa deve sempre utilizar ingredientes de alta qualidade, mas também precisa buscar fornecedores que ofereçam preços competitivos.

Custo da mão de obra

O custo da mão de obra é outra categoria importante de custos. É necessário contratar funcionários qualificados para a produção dos brigadeiros gourmet, bem como para o atendimento ao cliente, logística e outras atividades relacionadas ao negócio. Sugerimos que a empresa treine muito bem um ou dois funcionários, e que estes possam replicar o conhecimento aos outros funcionários conforme novas contratações forem feitas.

Custo de marketing

O custo de marketing, incluindo publicidade, material promocional, participação em eventos e outras atividades de divulgação da marca e dos produtos, pode ser uma categoria significativa de custos. Defina um orçamento para o marketing e busque utilizar os canais mais eficientes para atingir o público-alvo.

Custo de logística

O custo de logística, incluindo transporte, armazenagem, embalagem e outros aspectos relacionados à entrega dos produtos é categoria de custos relevante. Busque soluções de logística eficientes e que ofereçam preços competitivos.

Custo administrativo

O custo administrativo, incluindo aluguel de escritório, pagamento de contas, contratação de serviços externos, entre outros, também deve ser considerado na estrutura de custos da empresa.

Custo de desenvolvimento de novos produtos

A empresa vai precisar investir em pesquisa e desenvolvimento para manter a oferta de produtos competitiva e atraente para os clientes. Então não se esqueça dessa categoria.

Custo de manutenção de equipamentos

São os custos para a manutenção de utensílios, como fornos, batedeiras e outros equipamentos utilizados na produção dos brigadeiros gourmet.

Avaliar cada uma dessas categorias de custos e buscar formas de otimizá-las maximiza a rentabilidade do negócio.

É possível buscar alternativas mais econômicas para a aquisição de ingredientes, contratar serviços de logística mais eficientes e utilizar canais de marketing mais econômicos. A busca constante pela eficiência e redução de custos é um fator-chave para o sucesso do negócio.

3.2 MAPA DA EMPATIA

O mapa da empatia é uma ferramenta que ajuda a entender melhor o perfil e as necessidades do cliente, permitindo uma visão mais clara do negócio e suas estratégias. No caso do negócio de brigadeiros gourmet, o mapa da empatia pode ser utilizado para entender as motivações, desejos e necessidades dos clientes em relação aos produtos oferecidos.

Essas informações podem ser utilizadas para aprimorar a oferta de produtos e serviços, adaptar as estratégias de marketing e melhorar a experiência do cliente no negócio, oferecendo uma experiência de compra diferenciada, que agregue valor à marca.

Abaixo, segue um exemplo de mapa da empatia para o negócio de brigadeiros gourmet:

1. Quem é o cliente?

O cliente do negócio de brigadeiros gourmet é uma pessoa que valoriza a qualidade, o sabor e a apresentação de alimentos. É uma pessoa que busca por produtos gourmet e de alto padrão, que valoriza ingredientes orgânicos e naturais. Pode ser uma pessoa de qualquer idade, gênero ou profissão, mas que tenha interesse em gastronomia e em novidades culinárias.

2. O que o cliente vê?

O cliente do negócio de brigadeiros gourmet vê uma marca moderna, com apresentação elegante e sofisticada dos produtos. Ele pode ver a marca em eventos gastronômicos, em redes sociais e em lojas especializadas em produtos gourmet. A apresentação dos produtos é um aspecto importante para esse cliente, que espera receber produtos bem elaborados e visualmente atrativos.

3. O que o cliente ouve?

O cliente do negócio de brigadeiros gourmet ouve opiniões positivas sobre a marca e os produtos, especialmente de amigos e influenciadores. Ele espera que a marca seja referência em qualidade e sabor. Também espera que a marca seja comprometida com a sustentabilidade e responsabilidade social.

4. O que o cliente pensa e sente?

O cliente do negócio de brigadeiros gourmet pensa que os produtos são gourmet, saudáveis e com ingredientes de alta qualidade. Ele pode ter preocupações com o preço dos produtos, mas está disposto a pagar mais por produtos gourmet e de qualidade superior. Ele espera uma experiência de compra satisfatória, com atendimento personalizado e ambiente agradável.

5. O que o cliente diz e faz?

O cliente do negócio de brigadeiros gourmet diz que os produtos são deliciosos, com sabores exclusivos e que surpreendem o paladar. Ele pode sugerir novos sabores ou recomendar a marca para amigos e familiares. Ele faz questão de compartilhar fotos e avaliações dos produtos nas redes sociais.

6. Dores e ganhos.

O cliente do negócio de brigadeiros gourmet busca a experiência de saborear produtos de alta qualidade, feitos com ingredientes naturais e orgânicos. Ele busca por novidades e sabores exclusivos, que o surpreendam e o encantem. Ele tem a dor de pagar um preço mais elevado por esses produtos, mas tem o ganho de ter uma experiência gastronômica única e de alta qualidade.

3.3 ANÁLISE SWOT

A análise SWOT (Strengths, Weaknesses, Opportunities, Threats), ou análise FOFA em português (Forças, Oportunidades, Fraquezas, Ameaças), é uma ferramenta estratégica usada para ajudar uma organização a identificar seus pontos fortes, pontos fracos, oportunidades e ameaças relacionadas ao planejamento de negócios.

É frequentemente usada como parte de um plano de negócios, estratégia de marketing ou desenvolvimento de projetos.

Trata-se de uma técnica de planejamento simples e útil que incentiva o pensamento estratégico e pode fornecer uma boa base para a tomada de decisões.

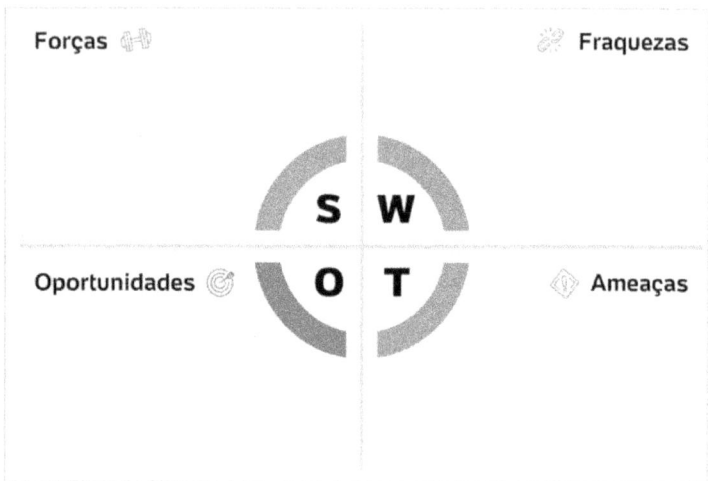

Segue uma breve descrição de cada componente da análise SWOT para o negócio de brigadeiros gourmet:

Forças (Strengths)

Estas são as qualidades positivas, tangíveis e intangíveis, internas à sua organização. São coisas que estão dentro do seu controle.

Qualidade dos produtos oferecidos, com sabores únicos e diferenciados.

Apresentação dos produtos atraente e diferenciada.

Equipe capacitada e atenciosa.

Localização estratégica do negócio, em uma região com grande fluxo de pessoas e potencial de clientes.

Foco no atendimento personalizado e na satisfação do cliente.

Fraquezas (Weaknesses)

Estas são as qualidades que impedem o cumprimento da missão da sua organização e o alcance do pleno potencial. Estas são as coisas que você precisa melhorar para se manter competitivo.

Preço elevado em relação aos produtos similares oferecidos pela concorrência.

Baixa visibilidade da marca em relação a concorrentes mais estabelecidos no mercado.

Dificuldade em manter a consistência da qualidade dos produtos devido à sazonalidade dos ingredientes utilizados.

Dificuldade em atender à demanda em momentos de pico.

Oportunidades (Opportunities)

Estas são as condições externas que são benéficas para a sua organização. Oportunidades podem se apresentar como uma nova tendência de mercado, mudanças tecnológicas ou ações de um concorrente.

Crescimento do mercado de doces e sobremesas no país.

Potencial de expansão do negócio para outras regiões.

Possibilidade de parcerias com fornecedores locais para reduzir custos de produção.

Diversificação da oferta de produtos, como a inclusão de produtos veganos e sem glúten.

Ameaças (Threats)

Estas são as condições externas que poderiam prejudicar o desempenho da sua organização. Isso pode incluir a concorrência, mudanças econômicas, mudanças regulatórias ou outras condições externas.

Concorrência acirrada de outras marcas de doces e sobremesas na região.

Flutuações no preço de ingredientes utilizados na produção dos produtos.

Risco de sazonalidade na demanda pelos produtos oferecidos.

Regulamentações sanitárias e trabalhistas que podem afetar a operação do negócio.

João Augusto Dukas

CAPÍTULO 4:
ASPECTOS LEGAIS
E REGULATÓRIOS

4.1 REGULAMENTAÇÕES ALIMENTARES E LICENÇAS NECESSÁRIAS

Em qualquer negócio que envolva alimentos, a segurança e a qualidade são de extrema importância. Nesta seção, abordaremos as licenças e inspeções necessárias que garantirão que você esteja operando em conformidade com todas as regulamentações locais e nacionais de segurança alimentar.

Licença para Funcionamento de Estabelecimento (Alvará de Funcionamento)

Este é um documento essencial fornecido pelo governo local ou municipal que concede permissão para operar um negócio em uma localização específica. Ele garante que o negócio cumpre os requisitos e normas locais, como zoneamento e segurança.

Licença Sanitária

Esse documento é emitido pelas autoridades de saúde locais ou nacionais, como a Agência Nacional de Vigilância Sanitária (ANVISA) no Brasil. Ele atesta que seu negócio cumpre as normas de higiene e segurança alimentar. O processo para obter essa licença geralmente inclui uma inspeção do local de produção e das práticas de manuseio de alimentos.

Cadastro no Ministério da Agricultura, Pecuária e Abastecimento (MAPA):

Para negócios que produzem, embalam ou comercializam produtos de origem animal, como o leite condensado usado nos brigadeiros, é obrigatório fazer um registro junto ao MAPA.

Regulamentação da Rotulagem:

A rotulagem adequada dos alimentos é crucial e também regulamentada por lei. Isso inclui informações como ingredientes, tabela nutricional, data de validade e orientações de armazenamento.

Formação em Segurança Alimentar:

Dependendo da região, pode ser necessário que pelo menos um membro da equipe tenha treinamento formal em segurança alimentar e obtenha um certificado comprovando esse conhecimento.

4.2 BOAS PRÁTICAS DE MANIPULAÇÃO DE ALIMENTOS

As Boas Práticas de manipulação de alimentos são um conjunto de procedimentos e normas adotadas para garantir a segurança e a qualidade dos alimentos no Brasil. Estas práticas incluem uma variedade de medidas que vão desde a compra e armazenamento dos alimentos até a sua preparação e serviço.

Exemplos:

Higiene Pessoal

Os manipuladores de alimentos devem manter a higiene pessoal impecável, lavando as mãos frequentemente, especialmente depois de usar o banheiro, espirrar ou tocar em qualquer coisa que possa estar suja. Eles também devem usar vestimenta limpa e adequada.

Controle de Temperatura

Alimentos devem ser armazenados, preparados e servidos na temperatura adequada. Por exemplo, alimentos refrigerados devem ser mantidos abaixo de 5°C e alimentos cozidos devem atingir pelo menos 70°C para garantir que bactérias prejudiciais sejam mortas.

Prevenção da Contaminação Cruzada

Devem-se tomar medidas para evitar a contaminação cruzada, como usar tábuas de corte diferentes para alimentos crus e cozidos, e lavar utensílios e superfícies de trabalho depois de cada uso.

Armazenamento Seguro

Os alimentos devem ser armazenados em recipientes limpos e fechados e, quando necessário, refrigerados ou congelados.

Compras e Recebimento

Ao comprar e receber alimentos, é importante garantir que eles estejam em bom estado, não estejam fora da validade e tenham sido armazenados e transportados de maneira segura.

Manutenção e Limpeza das Instalações e Equipamentos

As instalações e equipamentos usados na preparação de alimentos devem ser mantidos limpos e em boas condições de funcionamento.

Treinamento de Funcionários

Todos os funcionários envolvidos na manipulação de alimentos devem ser treinados em boas práticas de segurança alimentar e entender a importância de seguir esses procedimentos. No Brasil, a ANVISA é o órgão responsável por estas regulamentações. No site da Anvisa, está disponibilizada a cartilha de Boas Práticas para serviços de alimentação, com tudo o que você precisa saber:

https://www.gov.br/anvisa/pt-br/centraisdeconteudo/publicacoes/alimentos/manuais-guias-e-orientacoes/cartilha-boas-praticas-para-servicos-de-alimentacao.pdf

Essas são apenas algumas das regulamentações alimentares e licenças necessárias para iniciar um negócio de brigadeiros gourmet. É fundamental se informar com as autoridades locais e nacionais sobre todas as regulamentações aplicáveis na sua região.

Lembre-se, negligenciar essas regulamentações pode levar a multas pesadas, fechamento do negócio e, mais importante, pode colocar os clientes em risco.

4.3 REGISTRO DE MARCA E PROPRIEDADE INTELECTUAL

A proteção de sua marca e propriedade intelectual é vital, especialmente em um negócio de alimentos, onde a marca e a reputação podem ser tudo. Ao lançar um negócio, a proteção da sua marca e propriedade intelectual é fundamental para garantir que o valor e a reputação que você constrói não sejam comprometidos.

Nós exploraremos o processo de registro de marca e outras formas de proteger sua propriedade intelectual.

Registro de Marca

Uma marca é um sinal distintivo que identifica produtos ou serviços oferecidos por uma empresa. Para proteger sua marca contra o uso não autorizado por terceiros, é aconselhável registrá-la junto ao Instituto Nacional da Propriedade Industrial (INPI) no Brasil ou ao escritório de marcas e patentes correspondente em outros países.

Propriedade Intelectual

A propriedade intelectual abrange várias formas de criações do intelecto humano, desde invenções e desenhos industriais até obras literárias e artísticas. No contexto de um negócio de brigadeiros gourmet, isso pode incluir receitas originais, embalagens exclusivas, logotipos, slogans e até mesmo métodos de preparação ou apresentação. Proteger sua propriedade intelectual significa garantir que outros não possam copiar ou se beneficiar de suas inovações sem a sua permissão.

Direitos Autorais

Os direitos autorais protegem as expressões originais de ideias, mas não as ideias em si. No caso do seu negócio, isso pode incluir tudo, desde o design do seu site até as fotos dos seus produtos. Garantir que você possui os direitos autorais ou obteve permissão para usar qualquer conteúdo que não seja de sua autoria é essencial.

Contratos de Confidencialidade

Ao compartilhar informações sobre seus processos, receitas ou estratégias de negócios com funcionários ou parceiros, é aconselhável ter contratos de confidencialidade em vigor. Esses acordos ajudam a proteger suas informações comerciais confidenciais contra uso ou divulgação não autorizados.

Patentes e Desenhos Industriais

Embora menos comum na indústria de confeitaria, existem situações em que uma inovação particular, como um método de produção ou um design de embalagem, pode ser patenteada ou registrada como desenho industrial.

É sempre aconselhável consultar um advogado especializado em direito da propriedade intelectual para garantir que todas as suas bases estejam cobertas e que você esteja protegendo adequadamente sua marca e propriedade intelectual.

4.4 ASPECTOS FISCAIS E CONTÁBEIS

A contabilidade adequada e o pagamento de impostos são partes fundamentais de qualquer negócio. Vamos abordar as considerações fiscais e contábeis específicas para negócios de alimentos.

Regime Tributário

No Brasil, as empresas podem optar por diferentes regimes tributários, dependendo do tamanho e da natureza do negócio: Simples Nacional, Lucro Presumido ou Lucro Real. Cada um tem suas próprias vantagens, desvantagens e obrigações fiscais. Um contador ou consultor fiscal pode ajudar você a escolher o regime mais vantajoso para sua empresa.

Emissão de Notas Fiscais

A emissão de notas fiscais é uma obrigação legal para a maioria das empresas no Brasil. Você precisará de um sistema para emitir notas fiscais eletrônicas (NFe) ou ao consumidor (NFCe), dependendo de seu estado e do tipo de venda realizada.

Impostos sobre Vendas

As vendas de produtos alimentícios geralmente estão sujeitas ao ICMS (Imposto sobre Circulação de Mercadorias e Serviços). A taxa de ICMS varia de estado para estado e pode depender do tipo de produto vendido

Impostos sobre a Folha de Pagamento

Se você tiver funcionários, precisará considerar os impostos e contribuições sociais que devem ser pagos, como o INSS e o FGTS.

Contabilidade

Ter uma contabilidade organizada é crucial para o sucesso de qualquer negócio. Isso envolve o registro de todas as transações financeiras, o rastreamento de receitas e despesas, a preparação de demonstrações financeiras e a conformidade com as obrigações fiscais.

Planejamento Fiscal

O planejamento fiscal envolve a implementação de estratégias para minimizar a carga tributária de uma empresa, sempre dentro da legalidade. Isso pode envolver a escolha do regime tributário, a utilização de benefícios fiscais disponíveis, entre outros.

A contabilidade e os aspectos fiscais podem ser complexos e é altamente recomendável que você procure a orientação de um contador ou consultor fiscal profissional para ajudá-lo a navegar por esses aspectos do seu negócio. Além disso, é importante manter-se atualizado sobre as leis e regulamentos fiscais, pois eles podem mudar frequentemente.

4.5 RESPONSABILIDADE LEGAL E SEGUROS

A segurança alimentar é um campo onde a responsabilidade legal pode ser um risco significativo. Vamos discutir as formas de limitar sua exposição a responsabilidades legais, incluindo a obtenção do seguro adequado.

Operar um negócio de brigadeiros gourmet envolve lidar com uma variedade de responsabilidades legais e riscos. Aqui estão algumas considerações importantes:

Responsabilidade do Produto

Como fabricante de alimentos, você tem a responsabilidade de garantir que seus produtos sejam seguros para o consumo. Isso envolve a adesão a padrões rigorosos de higiene e segurança alimentar, além de fornecer informações precisas sobre ingredientes e alérgicos.

Seguro de Responsabilidade Civil

Um seguro de responsabilidade civil pode proteger você no caso de uma reivindicação legal ser feita contra sua empresa devido a danos ou lesões causadas por seus produtos. É importante discutir com um consultor de seguros para entender o nível de cobertura que seria apropriado para o seu negócio.

Seguro de Propriedade

Se você possui um local físico, como uma loja ou uma fábrica, um seguro de propriedade pode proteger contra danos a seus prédios e conteúdo, como equipamentos e estoque.

Seguro de Interrupção de Negócios

Este tipo de seguro pode compensar a perda de renda se o seu negócio tiver que fechar devido a um evento inesperado, como um incêndio ou inundação.

Seguro de Saúde dos Funcionários

Se você tem funcionários, pode ser obrigatório fornecer seguro de saúde, dependendo das leis e regulamentos locais.

Licenças e Permissões

Verifique as licenças e permissões necessárias para operar seu negócio de brigadeiros gourmet. Isso pode incluir uma licença de negócio local, permissão de saúde do departamento de saúde local e possivelmente outros.

Legislação Trabalhista

Cumprir todas as leis e regulamentos trabalhistas é crucial. Isso pode incluir a adesão às leis de salário mínimo, leis de horas extras, e garantir um ambiente de trabalho seguro e saudável. Ter uma compreensão clara de suas responsabilidades legais e riscos e gerenciá-los adequadamente pode proteger você e seu negócio de problemas potencialmente caros e danosos. É altamente recomendável buscar a orientação de um advogado ou consultor legal para garantir que você esteja em conformidade com todas as responsabilidades legais aplicáveis.

4.6 NORMAS TRABALHISTAS

Ao montar um negócio, você precisa se atentar às leis trabalhistas. Elas determinam o que é permitido e proibido na relação entre empregadores e funcionários, e seu não cumprimento pode levar a sanções severas.

Aspectos importantes que você deve considerar:

Contratos de Trabalho

Quando você contrata um funcionário, geralmente é necessário formalizar a relação de trabalho com um contrato. Esse contrato deve especificar termos e condições do emprego, incluindo salário, funções e responsabilidades, horário de trabalho, benefícios e condições para rescisão.

Direitos dos Trabalhadores

Os direitos básicos dos trabalhadores incluem um salário mínimo, um limite no número de horas trabalhadas por semana, direito a intervalos e descanso, seguro contra acidentes de trabalho e igualdade de oportunidades. É importante garantir que seu negócio respeite esses direitos.

Benefícios Sociais e Previdenciários

Dependendo da legislação local, você pode ser obrigado a contribuir para a seguridade social do seu funcionário, que pode incluir planos de aposentadoria, seguro saúde e benefícios de desemprego.

Saúde e Segurança

Os empregadores são responsáveis por garantir um ambiente de trabalho seguro. Isso inclui treinamento adequado, equipamentos de segurança e aderência a diretrizes sanitárias, especialmente na indústria alimentícia.

Formação e Treinamento

Além disso, oferecer oportunidades de formação e desenvolvimento de competências aos funcionários pode ser um requisito legal, dependendo da legislação local.

Garantir que você esteja em conformidade com as leis trabalhistas não apenas protege você de problemas legais, mas também contribui para a satisfação e o bem-estar dos seus funcionários, o que pode levar a uma maior retenção de funcionários e produtividade.

Sempre é aconselhável buscar orientação jurídica ao tratar de questões trabalhistas, pois a legislação pode variar significativamente dependendo do local e da natureza do seu negócio.

4.7 CONSIDERAÇÕES FINAIS

Abrir e operar um negócio de brigadeiros gourmet envolve uma série de obrigações legais e regulatórias, algumas das quais foram abordadas neste capítulo. No entanto, é importante notar que este é um **resumo de alto nível,** e os detalhes específicos podem variar dependendo da sua localização e das circunstâncias únicas do seu negócio.

É crucial consultar profissionais especializados — como advogados, contadores e consultores — para garantir que você esteja em total conformidade com todas as obrigações legais e regulatórias. Isso inclui, mas não se limita a, questões relacionadas à segurança alimentar, direitos de propriedade intelectual, responsabilidades fiscais, contratos de trabalho e seguros.

Além disso, é importante manter-se atualizado com quaisquer mudanças nas leis e regulamentos que possam afetar o seu negócio. Isso pode envolver a inscrição em newsletters relevantes, a participação em associações de negócios locais e a consulta regular a um advogado ou outro profissional de confiança.

Por último, embora lidar com aspectos legais e regulatórios possa parecer desafiador, é uma parte essencial do sucesso a longo prazo do seu negócio. Ao garantir que você está operando dentro da lei, você poderá focar no crescimento e desenvolvimento do seu negócio de brigadeiros gourmet com a confiança de que está construindo uma base sólida e legal para o seu empreendimento.

CAPÍTULO 5:
PLANEJAMENTO FINANCEIRO E PRECIFICAÇÃO

Este capítulo aborda uma das áreas mais cruciais do seu negócio de brigadeiros gourmet: a gestão financeira. A partir da determinação dos custos de produção até a definição de estratégias de marketing, cada detalhe financeiro importa.

Como mencionamos logo no início do livro, o que faz pequenos negócios fecharem logo nos primeiros meses é a falta de planejamento. É não entender o fluxo de caixa, não saber por quanto vender o produto para ter lucro e etc. Falhar nesta etapa, utilizando uma metáfora do futebol, significa morte súbita.

Gestão financeira não é apenas sobre números; é sobre garantir a viabilidade e sustentabilidade de um negócio. Sem um planejamento financeiro adequado e a capacidade de interpretar e agir com base em informações financeiras, as empresas correm um risco significativamente maior de falhar.

Certamente não acontecerá com você, pois nos próximos parágrafos vamos dar o passo-a-passo do que é necessário para ter um bom planejamento.

5.1 DETERMINANDO O CUSTO DE PRODUÇÃO

A compreensão dos custos de produção é o primeiro passo para definir um preço competitivo e rentável para seus produtos.

Este tópico explorará a contabilidade dos custos envolvidos na fabricação dos brigadeiros, incluindo ingredientes, mão de obra, utilidades, embalagens e outros custos indiretos.

Então, vamos lá. Você deve considerar:

Exemplo de custos associados a produção de brigadeiro gourmet

Ao produzir brigadeiros gourmet, vários custos estão associados ao processo, divididos em custos diretos (aqueles diretamente relacionados à produção do brigadeiro) e custos indiretos (custos operacionais gerais para manter o negócio funcionando). Aqui está uma lista abrangente:

Custos Diretos

Ingredientes

Isso inclui chocolate, leite condensado, manteiga, granulado, e qualquer outro ingrediente que você use nas suas receitas. O custo vai variar dependendo da qualidade dos ingredientes que você escolhe e dos preços do mercado.

Embalagem

Caixas, etiquetas, fitas, papel para embrulho, entre outros, são necessários para embalar os brigadeiros de maneira atrativa e segura.

Custos de produção variáveis

Estes são os custos que variam com o volume de produção, como eletricidade ou gás usado para cozinhar, água usada na limpeza, etc.

Custos Indiretos

Aluguel do espaço de produção

Se você não está usando sua própria cozinha, pode haver um custo para alugar um espaço de produção adequado.

Equipamentos e manutenção

Isso inclui todos os equipamentos de cozinha necessários, como panelas, formas, utensílios, e também o custo de manutenção e reposição desses equipamentos.

Licenças e permissões

Dependendo do local, pode haver custos associados à obtenção das licenças e permissões necessárias para operar um negócio de alimentos.

Custos de mão de obra

Se você emprega outras pessoas para ajudar na produção ou venda dos brigadeiros, deve considerar os custos de salários e benefícios.

Custos de marketing e publicidade

Isso pode incluir tudo, desde a criação de um website até a realização de anúncios em redes sociais ou a participação em eventos locais.

Custos de distribuição e entrega

Se você estiver entregando os brigadeiros ou enviando por correio, precisará levar em conta esses custos.

Seguro e impostos

Dependendo do seu local e estrutura de negócios, pode haver vários tipos de seguro e impostos a pagar.

É importante considerar todos esses custos. Alguns podem ser divididos pelo número de brigadeiros que você produz por mês para encontrar um custo por unidade, enquanto outros podem ser custos fixos que você precisa cobrir, independentemente de quantos briga-deiros são produzidos.

5.2 ESTABELECENDO O PREÇO DE VENDA (PRECIFICAÇÃO)

Depois de calcular seus custos de produção, o próximo passo é definir o preço de venda. A precificação de um produto serve para garantir que o negócio seja rentável e sustentável a longo prazo. Ou seja, que dê lucro.

Aqui vamos discutir estratégias para definir preços competitivos que cobrem seus custos, permitem uma margem de lucro e oferecem valor para o cliente.

Cobertura dos Custos – Markup

O markup é uma margem percentual adicionada ao custo dos produtos para chegar ao preço final de venda. É importante que a margem aplicada seja suficiente para cobrir os custos operacionais do negócio e gerar lucro. Vamos supor que o markup escolhido seja de 100%, o que significa que o preço de venda será o dobro do custo dos ingredientes.

Como regra geral, o preço de venda deve ser pelo menos o suficiente para cobrir o custo de produção. Ou seja, se cada brigadeiro lhe custa R$1,00 para fazer, então o preço deve ser pelo menos R$1,00.

Percepção de Valor

Brigadeiros gourmet não são apenas doces; eles são uma experiência e, por definição, um produto premium. A qualidade dos ingredientes, o cuidado na preparação, os sabores únicos, a apresentação elegante — tudo isso adiciona valor ao seu produto.

Se os clientes perceberem que o produto tem um alto valor agregado, pode ser possível aumentar o preço de venda sem afetar as vendas.

Faça uma pesquisa de mercado para entender quanto os clientes estão dispostos a pagar por essa experiência. Tudo isso lhe permite cobrar um preço mais alto do que você faria para um brigadeiro regular.

Provavelmente será necessário fazer alguns ajustes ao longo do tempo até encontrar o preço certo.

Concorrência

Além dos custos e do markup, é importante considerar a concorrência no mercado. Se o preço de venda estiver muito acima dos preços praticados pelos concorrentes, pode ser necessário ajustá-lo para garantir que o produto seja competitivo.

Estabeleça seus objetivos financeiros

Quanto você quer ganhar com o seu negócio de brigadeiros gourmet? Estabelecer metas financeiras pode te ajudar a determinar o volume de vendas necessário e, por consequência, a precificação adequada para alcançar essas metas.

Como explicamos, para precificar os brigadeiros gourmet de chocolate, é importante considerar tanto os custos diretos (ingredientes) como os indiretos (energia, gás, embalagens, etc.).

Este exemplo de precificação ainda pode variar dependendo de outros fatores, como custos de marketing e distribuição, mas este é um bom ponto de partida.

Vamos começar com os custos diretos.

Custo Direto (Ingredientes):

- **Manteiga Sem Sal PAYSAN BRETON em Barra 200g (R$ 30,00)**

A receita usa aproximadamente 30g de manteiga: R$ 30.00 * (30g/200g) = R$ 4,5

- **Chocolate 50% Callebaut 400g (R$ 60,00)**

  A receita usa aproximadamente 200g de chocolate: R$ 60.00 * (200g/400g) = R$ 30,0

- **Leite Condensado MOÇA Lata 395g (R$ 10,30)**

  A receita usa uma lata inteira: R$ 10,30

- **Creme de Leite NESTLÉ 300g (R$ 11,50)**

  A receita usa aproximadamente 100g: R$ 11.50 * (100g/300g) = R$ 3,83

- **Flocos de Chocolate ao Leite Callebaut 200g (R$ 34,00)**

  A receita usa aproximadamente 60g: R$ 34.00 * (60g/200g) = R$ 10,20

Total do Custo Direto: R$ 4,50 (Manteiga) + R$ 30,00 (Chocolate) + R$ 10,30 (Leite Condensado) + R$ 3,83 (Creme de Leite) + R$ 10,20 (Flocos) = **R$ 58,83**

Custo por Brigadeiro:
R$ 58,83 / 30 = **R$ 1,96**

Custo Indireto:

- **Energia, gás e desgaste de utensílios**: Vamos supor que isso custe R$ 5,00 para a produção de 30 brigadeiros.
- **Embalagem**: R$ 0,20 por brigadeiro x 30 = R$ 6,00

Total do Custo Indireto: R$ 5,00 (energia, gás, utensílios) + R$ 6,00 (embalagem) = **R$ 11,00**

Custo Indireto por Brigadeiro:
R$ 11,00 / 30 = **R$ 0,37**

Custo Total:

Custo Total da Produção: R$ 58,83 (Direto) + R$ 11,00 (Indireto) = **R$ 69,83**

Custo Total por Brigadeiro: R$ 1,96 (Direto) + R$ 0,37 (Indireto) = **R$ 2,33**

Preço de Venda:

Vamos supor que você deseja uma margem de lucro de 50% em cada brigadeiro.

Preço de Venda por Brigadeiro:
R$ 2,33 * 1.5 = **R$ 3,50**

Uma das formas de aumentar o lucro é conseguir baixar os preços dos ingredientes comprando em quantidades maiores.

5.3. FLUXO DE CAIXA

O Fluxo de Caixa é uma ferramenta de gestão financeira que registra todas as entradas e saídas de dinheiro de um negócio em um determinado período, permitindo ao empreendedor uma visão clara de sua situação financeira e auxiliando na tomada de decisões.

Para um negócio de brigadeiros gourmet, o processo é semelhante a outros negócios, mas com particularidades relacionadas ao segmento. Passemos agora para um exemplo de fluxo de caixa.

1. Defina o Período

Determine o período que o fluxo de caixa irá cobrir. Pode ser diário, semanal, mensal ou até mesmo anual, dependendo das necessidades do negócio.

2. Registre o Saldo Inicial

É o montante que você tem em caixa ou na conta bancária do negócio no início do período.

3. Liste as Entradas de Dinheiro (Receitas)

Para um negócio de brigadeiros gourmet, as entradas geralmente são:

- Vendas à vista de brigadeiros.
- Vendas a prazo (registre no dia que o dinheiro entrará de fato).
- Vendas online (se houver).
- Eventuais retornos de investimentos ou empréstimos

4. Liste as Saídas de Dinheiro (Despesas)

No caso de brigadeiros gourmet, as despesas podem incluir:

- Compra de ingredientes (chocolate, leite condensado, etc.).
- Embalagens.
- Aluguel do espaço de produção ou ponto de venda.
- Salários e encargos trabalhistas (se tiver funcionários).
- Custos com marketing e publicidade.
- Gastos com frete (para entregas).
- Energia elétrica, água e outros serviços.
- Eventuais taxas de franquia ou licenciamento (caso esteja sob um modelo de franquia).
- Depreciação de equipamentos (fogão, panelas, batedeira, etc.).

- Eventuais juros e serviços de empréstimos ou financiamentos.

5. Calcule o Fluxo de Caixa do Período

Subtraia as despesas das receitas para cada período.

6. Determine o Saldo Final

Some o saldo inicial com o fluxo de caixa do período. Esse valor será o saldo inicial do próximo período.

7. Analise e Projete

- **Análise:** Com os dados em mãos, analise o fluxo de caixa para identificar padrões, como períodos de maiores vendas ou gastos. Verifique se há sazonalidade, por exemplo, aumento de vendas em datas comemorativas.

- **Projeção:** Utilize o histórico e as análises para fazer projeções futuras. Se perceber que em certos meses as vendas aumentam, por exemplo, você pode se programar para comprar mais ingredi-entes nesses períodos.

8. Ajustes e Decisões

Com base no que o fluxo de caixa mostra, tome decisões, como:

- Reduzir custos fixos se o fluxo estiver frequentemente negativo.
- Investir em marketing em períodos de baixa venda.
- Diversificar produtos ou criar promoções em épocas de menor saída.

9. Ferramentas e Softwares

Considere o uso de softwares de gestão financeira. Eles podem automatizar muitas das tarefas relacionadas ao fluxo de caixa e oferecer insights valiosos através de gráficos e relatórios.

Lembrando que a regularidade e precisão são cruciais na manutenção de um fluxo de caixa. Todo dinheiro que entra ou sai deve ser registrado para que esta ferramenta seja efetiva.

A precificação de qualquer produto é fundamental para garantir a viabilidade e rentabilidade do negócio.

Vamos demonstrar uma estrutura básica de uma planilha de precificação para brigadeiros gourmet. Esta estrutura servirá como um guia para que você possa personalizá-la de acordo com as suas necessidades específicas.

Planilha de Precificação de Brigadeiro Gourmet

1.Custos Variáveis (por unidade de brigadeiro):

Ingredientes:

Leite condensado: $____

Chocolate gourmet/cacau: $____

Creme de leite: $____

Manteiga: $____

Outros ingredientes (castanhas, frutas, etc.): $____

Embalagens: $____

Etiquetas/rotulagem: $____

Gás/eletricidade (estimativa por brigadeiro): $____

Total de custos variáveis por brigadeiro: $____

2.Custos Fixos (mensais):

Aluguel do espaço: $____

Salários (incluindo os seus): $____

Energia elétrica: $____

Água: $____

Internet: $____

Telefone: $____

Depreciação de equipamentos: $____

Outros custos fixos: $____

Total de custos fixos mensais: $____

Custo fixo distribuído por brigadeiro (considerando a produção mensal): $____

Verba para Marketing (mensal):

Publicidade online (Meta, Google Ads): $____

Criação de conteúdo (fotos, vídeos): $____

Eventuais promoções/descontos: $____

Material impresso (flyers, cartões): $____

Total de verba para marketing: $____

Verba de marketing distribuída por brigadeiro (considerando a produção mensal): $____

Cálculo do Preço:

Custo total por brigadeiro (variável + fixo + marketing): $___

Margem de lucro desejada (exemplo: 50%): $___

Preço de venda: $___

Pode ser que você tenha outros custos específicos relacionados ao seu negócio que não estão listados aqui. Além disso, é crucial revisar e atualizar regularmente a planilha, uma vez que os preços dos ingredientes e outros custos podem variar com o tempo.

Para tornar esta planilha realmente funcional, você pode usar programas como Microsoft Excel ou Google Planilhas, onde pode inserir fórmulas para calcular automaticamente os totais e o preço de venda com base nos dados inseridos.

5.4 MEDINDO O SUCESSO E AJUSTANDO A ESTRATÉGIA

Depois de ter seu negócio de brigadeiros gourmet em funcionamento, é vital monitorar regularmente seu desempenho e fazer ajustes conforme necessário. Fatores a considerar:

Análise Financeira

O lucro é um indicador óbvio de sucesso, mas não é o único. Também é importante monitorar as vendas, os custos de produção, as despesas operacionais e outros indicadores financeiros para ter uma visão completa do desempenho do seu negócio.

Feedback do Cliente

O feedback dos clientes é uma fonte inestimável de informações sobre como seu negócio está indo. Isso pode lhe dar uma ideia de quais produtos são mais populares, quais estratégias de marketing estão funcionando e onde você pode precisar fazer ajustes.

Análise da Concorrência

Manter um olho na concorrência pode lhe dar uma ideia de onde seu negócio se situa no mercado e pode ajudá-lo a identificar oportunidades para se diferenciar.

Metas de Negócio

É importante estabelecer metas claras para o seu negócio e monitorar seu progresso em relação a essas metas. Isso ajuda a manter o foco e a tomar decisões estratégicas informadas.

Medir o sucesso e ajustar sua estratégia é um processo contínuo. Mantenha-se atento aos indicadores de desempenho, ouça seus clientes e esteja disposto a fazer mudanças quando necessário.

5.5 ORÇAMENTO E PLANEJAMENTO FINANCEIRO

Um orçamento cuidadoso e um planejamento financeiro sólido são essenciais para o sucesso de qualquer empreendimento. Isto inclui estimar as vendas futuras, controlar as despesas, gerenciar o fluxo de caixa e estar preparado para impostos e outras despesas imprevistas.

Considere a ajuda de um contador ou consultor financeiro para garantir que todos os aspectos financeiros do seu negócio estão bem cuidados.

5.6 CONTROLE DE CUSTOS E MAXIMIZAÇÃO DE LUCROS

Para maximizar os lucros, você deve não apenas aumentar as vendas, mas também controlar os custos. Procure encontrar fornecedores mais baratos, otimizar os processos de produção para reduzir o desperdício e investir em equipamentos ou tecnologia que possam aumentar a eficiência. Nos capítulos a seguir vamos detalhar melhor este tópico.

5.7 MONITORAMENTO E AJUSTES

Finalmente, o planejamento financeiro é um processo contínuo que requer monitoramento regular e ajustes conforme necessário. Revise regularmente as finanças do seu negócio, compare as projeções com os resultados reais e faça ajustes conforme necessário para manter seu negócio no caminho certo. Nos capítulos a seguir vamos detalhar melhor este tópico.

5.8 CONSIDERAÇÕES FINAIS

Administrar um negócio de brigadeiros gourmet pode ser muito gratificante, mas também requer um planejamento financeiro cuidadoso. Ao entender seus custos de produção, estabelecer preços de venda adequados, gerenciar cuidadosamente suas finanças e fazer ajustes conforme necessário, você estará bem-posicionado para fazer seu negócio de brigadeiros gourmet ser um sucesso financeiro.

CAPÍTULO 6:
CRIANDO SUA MARCA

Uma marca forte é fundamental para qualquer negócio. Ela representa sua identidade empresarial e como você deseja que os clientes percebam seus produtos.

Para brigadeiros gourmet, sua marca deve expressar a qualidade, a criatividade e a paixão por trás de cada doce que você faz. É um produto do mercado de luxo. Atenção aos detalhes é primordial.

Este capítulo oferecerá um guia passo a passo sobre como criar uma marca memorável e eficaz para o seu negócio.

6.1 DEFININDO A IDENTIDADE DA MARCA

A identidade da sua marca é a essência do seu negócio. É o que faz sua marca única e a distingue de outras empresas semelhantes. Mais do que apenas um nome ou um logotipo, a identidade da sua marca engloba tudo o que o seu negócio representa e como ele é percebido pelo mundo. Ao definir a identidade da sua marca, você deve considerar os seguintes elementos:

Missão

A missão do seu negócio é a razão pela qual ele existe. Qual é o propósito do seu negócio de brigadeiros gourmet? O que você espera alcançar? Por exemplo, sua missão pode ser *"Proporcionar aos clientes a experiência gourmet mais deliciosa e memorável através dos nossos brigadeiros de alta qualidade".*

Valores

Seus valores são os princípios que orientam o seu negócio. Eles podem incluir compromisso com a qualidade, satisfação do cliente, inovação, sustentabilidade, entre outros. Seus valores são importantes porque não só orientam suas decisões de negócios, mas também ajudam a atrair clientes que compartilham desses mesmos valores.

Personalidade da Marca

A personalidade da sua marca é como se o seu negócio fosse uma pessoa. É composta de características humanas que são atribuídas à sua marca. Por exemplo, sua marca pode ser divertida, sofisticada, carinhosa, inovadora, tradicional, etc. A personalidade da marca é importante porque ajuda a criar uma conexão emocional com seus clientes e a diferenciar sua marca das demais.

Posicionamento da Marca

O posicionamento da marca é sobre como você quer que sua marca seja percebida em relação aos seus concorrentes. Você quer ser visto como o mais luxuoso, o mais acessível, o mais inovador, o mais autêntico, etc? Definir claramente o posicionamento da sua marca ajuda a se destacar no mercado.

Promessa da Marca

A promessa da marca é o que você garante aos seus clientes. É o valor ou a experiência que eles podem esperar sempre que interagem com a sua marca. Uma boa promessa pode ser "garantir que cada brigadeiro que você saboreie seja uma experiência gourmet inesquecível".

Ao definir claramente cada um desses elementos, você cria uma identidade de marca forte que ressoe com seus clientes e os faça se sentir conectados ao seu negócio. Uma identidade de marca bem definida é a base para a construção de uma marca forte e bem-sucedida.

6.2 CRIANDO UM NOME DE MARCA IMPACTANTE

Um nome de marca impactante pode definir o tom para todo o seu negócio! Deve ser único, memorável e, o mais importante, deve encapsular a essência do seu negócio de brigadeiros gourmet.

Dicas para um nome de marca forte:

Simplicidade

Um bom nome de marca é fácil de lembrar e pronunciar. Evite palavras difíceis e opte por algo que seja curto e simples

Significado

O nome da sua marca deve ter algum tipo de significado ou história por trás dele. Pode ser algo que ressoe com sua missão ou valores, ou pode ser algo que fale diretamente ao seu produto — neste caso, brigadeiros gourmet.

Originalidade

Uma marca única se destaca. Pesquise para garantir que ninguém mais esteja usando o nome que você escolheu.

Adaptabilidade

Considere como o nome da sua marca será usado em vários contextos. Funciona bem em um logotipo? E online, em um site ou mídias sociais? É adaptável a diferentes mercados e idiomas, se você planeja expandir no futuro?

Teste

Antes de se decidir por um nome, teste-o. Peça opiniões a familiares, amigos, possíveis clientes. Veja como eles reagem. Eles entendem? Eles se lembram dele? Eles conseguem pronunciá-lo corretamente?

Criar o nome de marca perfeito pode levar tempo, mas é um investimento que vale a pena.

6.3 DESIGN DA MARCA

O logotipo é uma representação visual da sua marca e, muitas vezes, a primeira coisa que as pessoas associam ao seu negócio.

Deve ser único e facilmente reconhecível, criando uma impressão duradoura nos seus clientes.

Simplicidade

Um logotipo eficaz é simples e descomplicado. Deve ser facilmente reconhecível à primeira vista. Evite designs muito complexos que podem ser difíceis de reproduzir ou entender.

Versatilidade

Um bom logotipo funciona bem em uma variedade de tamanhos e em diferentes mídias. Ele deve ser igualmente eficaz em um cartão de visita, um outdoor ou em um post de mídia social.

Consistência com a Identidade da Marca

O design do seu logotipo deve estar alinhado com a identidade geral da sua marca. As cores, a tipografia e o estilo do design devem refletir a personalidade e os valores da marca.

Uso de Cores

As cores desempenham um papel significativo na percepção do seu logotipo. Considere as emoções e associações que as cores evocam. Por exemplo, o marrom pode ser uma boa escolha para um negócio de brigadeiros gourmet, pois pode evocar sensações de aconchego, conforto e indulgência.

Elemento Único

Considere incluir um elemento que destaque seu logotipo dos demais. Pode ser uma forma, uma escolha de cor ou uma fonte única. Mas tenha cuidado para não sobrecarregar o design. A simplicidade é fundamental.

Um logotipo eficaz pode levar tempo e você pode precisar experimentar várias versões antes de encontrar a certa. Considere trabalhar com um designer profissional, se possível, para garantir que o logotipo da sua marca seja o mais eficaz e atraente possível.

6.4 DESENVOLVENDO SUA PALETA DE CORES E TIPOGRAFIA

A paleta de cores e a tipografia são componentes cruciais da sua identidade visual de marca.

Elas desempenham um papel fundamental em como os clientes percebem sua marca e ajudam a criar consistência em todas as suas plataformas de comunicação.

A paleta de cores é o conjunto de cores primárias e secundárias que você usará em todos os seus materiais de marca, desde o seu logotipo até o seu website, embalagens e publicidade.

Escolhendo Cores Primárias

Suas cores primárias serão as cores mais dominantes em sua identidade visual. Essas cores devem representar a personalidade e os valores da sua marca. No caso de um negócio de brigadeiros gourmet, você pode querer escolher cores que representem indulgência, qualidade e paixão.

Escolhendo Cores Secundárias

As cores secundárias complementam suas cores primárias e são usadas para proporcionar variedade e contraste. Elas podem ser usadas em pequenos detalhes, como botões, destaques ou subcabeçalhos.

Consistência

É importante usar sua paleta de cores de maneira consistente em todas as plataformas.

Isso ajuda a fortalecer o reconhecimento da sua marca e a criar uma aparência coesa e profissional

A tipografia se refere às fontes que você escolhe usar em seus materiais. As fontes que você escolhe devem ser legíveis, escaláveis e refletir a personalidade da sua marca.

Escolhendo suas Fontes

As fontes que você escolher devem complementar a personalidade da sua marca e a mensagem que você quer transmitir. Por exemplo, uma fonte elegante pode ser uma boa escolha para uma marca de brigadeiros gourmet que quer transmitir sofisticação e qualidade.

Limitar o Número de Fontes

É melhor limitar o número de fontes que você usa para evitar que sua marca pareça desorganizada ou confusa. Geralmente, duas a três fontes — uma para títulos, uma para subtítulos e uma para texto — são suficientes.

Consistência

Assim como com a paleta de cores, é importante usar suas fontes de maneira consistente em todas as plataformas. Isso ajuda a fortalecer o reconhecimento da sua marca e a criar uma aparência coesa e profissional.

Lembre-se, a paleta de cores e a tipografia são mais do que apenas escolhas estéticas. Eles são ferramentas poderosas que podem ajudá-lo a comunicar a personalidade da sua marca, a atrair seu público-alvo e a diferenciar sua marca dos concorrentes.

6.5 CONTANDO A HISTÓRIA DA SUA MARCA

A arte de contar a história de uma marca, também conhecida como "storytelling", é uma maneira poderosa de conectar-se emocional-mente com seus clientes. Segue o exemplo:

"Maria cresceu na pequena cidade de Piracicaba, no interior do Brasil, onde as tradições culinárias e a conexão com os ingredientes locais eram partes essenciais da vida cotidiana. Foi a avó de Maria, Dona Antonia, quem a introduziu à arte da confeitaria e, especificamente, à magia de fazer brigadeiros. Juntas, elas misturavam o leite conden-sado, a manteiga e o chocolate, criando pequenas bolas de felicidade que se tornaram a alegria de todas as festas de família.

Como adulta, Maria mudou-se para São Paulo em busca de oportunidades. Embora tenha conseguido um emprego estável, ela sempre sentiu que faltava algo. Nos momentos de estresse e saudade, ela se voltava para a receita de brigadeiros da avó, o que a fazia se sentir mais próxima de casa.

Foi durante um desses momentos que Maria percebeu que não estava sozinha nesse sentimento. Muitas pessoas em São Paulo, tanto os moradores locais quanto os que vieram de outras partes do Brasil, também sentiam falta da simplicidade e do conforto da comida caseira.

Então, Maria tomou a decisão corajosa de sair do emprego e começar a fazer brigadeiros gourmet para vender.

Ela utilizou a receita tradicional da avó, mas também começou a experimentar com ingredientes gourmet e sabores inovadores. Sua missão era clara: trazer um pedaço da aconchegante Piracicaba para a agitada São Paulo através de seus deliciosos brigadeiros.

Os brigadeiros de Maria rapidamente se tornaram um sucesso. A notícia de seus deliciosos brigadeiros gourmet se espalhou e ela mal dava conta de atender as encomendas dos vizinhos. Cada brigadeiro que ela faz é um tributo à avó, com quem aprendeu a amar a arte da confeitaria.

E assim, mesmo em meio ao ritmo acelerado da cidade grande, qualquer pessoa que saboreie um brigadeiro de Maria pode sentir, por um momento, a magia do amor de Dona Antonia pela confeitaria. Através dos seus brigadeiros gourmet, Maria criou um negócio bem-sucedido que lhe possibilita ter uma vida tranquila e feliz."

Este tipo de história pode criar uma conexão emocional com os clientes, tornando a marca mais memorável e única. Vamos dizer que é a primeira vez que você faz brigadeiros.

Como contar uma história? Conte a história de como você se dedicou para aprender a fazer o doce. O investimento em aprendizado, as dificuldades e os fracassos até chegar à sua própria receita primorosa.

6.6 CONSISTÊNCIA DA MARCA

A experiência da marca é a percepção dos clientes sobre sua marca baseada em todas as interações que eles têm com ela. Desde a visita ao seu site, passando pela compra do produto, até o atendimento ao cliente, cada interação molda a forma como os clientes veem sua marca.

Mantenha a Consistência Visual

Use sua identidade visual de marca (logotipo, paleta de cores, tipografia) de maneira consistente em todos os pontos de contato com o cliente. Isso inclui o seu website, redes sociais, embalagens, anúncios e qualquer outro material de marketing.

Alinhe a Comunicação à Identidade da Marca

A maneira como você se comunica com os clientes deve refletir a personalidade da sua marca. Por exemplo, se sua marca é sofisticada e premium, você pode usar um tom de voz formal e educado em todas as suas comunicações

Crie uma Experiência de Compra Positiva

Desde a facilidade de navegação em seu site até o processo de checkout, certifique-se de que a experiência de compra é fácil e agradável para os clientes. Pequenos detalhes, como embalagens atraentes e notas de agradecimento personalizadas, podem fazer uma grande diferença

Ofereça um Excelente Atendimento ao Cliente

O atendimento ao cliente é uma parte fundamental da experiência da marca. Treine sua equipe para tratar os clientes com respeito e profissionalismo, e para responder prontamente a quaisquer perguntas ou preocupações.

Mantenha a Qualidade do Produto

A qualidade dos seus brigadeiros gourmet deve ser consistentemente alta. Isto não só reforça a percepção de que a sua marca é de confiança e confiável, mas também encoraja os clientes a continuar a comprar de você no futuro.

Ao criar uma experiência de marca consistente, você pode fortalecer a lealdade do cliente, aumentar o reconhecimento da marca e, por fim, impulsionar o crescimento do seu negócio de brigadeiros gourmet.

6.7 PROTEGENDO SUA MARCA

Proteger sua marca é crucial para manter a identidade única de seu negócio e evitar confusões no mercado. Isso pode ser feito de várias maneiras:

Registro de marca

O primeiro passo para proteger sua marca é registrar seu nome e logotipo como uma marca registrada no Instituto Nacional da Propriedade Industrial (INPI) no Brasil. Em outros países, o processo pode ser realizado em órgãos correspondentes. Este registro lhe dará direitos exclusivos de usar o nome e o logotipo em seu setor de negócios.

Direitos autorais

Se você tem material original criado para sua marca, como embalagens personalizadas, imagens de produtos, material de marketing, website, você pode proteger esses elementos com direitos autorais. Os direitos autorais impedem que outros usem ou copiem seu trabalho sem permissão.

Contratos e acordos

Contratos com fornecedores, clientes e funcionários podem ajudar a proteger informações confidenciais sobre sua marca e seus processos de negócios. Estes acordos, muitas vezes chamados de acordos de não divulgação, podem proteger segredos comerciais e outras informações que você não quer que se tornem públicas.

Proteção de dados

No mundo digital de hoje, proteger os dados de sua marca e de seus clientes é fundamental. Isso inclui dados de clientes, informações de vendas, estratégias de marketing, entre outros. Garanta que você esteja em conformidade com as leis de proteção de dados e use boas práticas de segurança de dados.

Policiamento e aplicação

Por último, mas não menos importante, monitore o uso de sua marca e tome providências se ela for usada sem permissão. Isso pode significar enviar cartas de cessação e desistência, ou até mesmo tomar medidas legais, se necessário.

A marca é um dos ativos mais valiosos de seu negócio. Investir tempo e recursos para protegê-la é necessário para o sucesso a longo prazo de sua empresa.

6.8 ESTRATÉGIAS DE LANÇAMENTO DA MARCA

Agora que você construiu a identidade da sua marca, é hora de lançá-la para o mundo. A estratégia de lançamento da marca define como, onde e quando você apresentará sua marca aos clientes em potencial.

Defina Seus Objetivos

Antes de lançar sua marca, é importante definir o que você espera alcançar. Seus objetivos podem incluir aumentar a conscientização da marca, atrair um determinado número de novos clientes ou atingir um determinado volume de vendas.

Exemplo:

Depois de passar meses preparando seus brigadeiros gourmet e criando sua marca, Maria Clara está pronta para lançar seu negócio. Ela começa definindo claramente seus objetivos para o lançamento da marca.

Defina Seus Objetivos

Estabelece metas claras e mensuráveis para o lançamento de sua marca de brigadeiros gourmet.

Aumentar a conscientização da marca

Maria quer que sua marca seja reconhecida e lembrada na sua cidade. Ela se propõe a alcançar 500 seguidores no Instagram dentro do primeiro mês após o lançamento.

Atrair novos clientes

Maria almeja vender seus brigadeiros gourmet para pelo menos 100 clientes únicos nos primeiros três meses.

Estabelecer uma presença online

Maria Clara deseja que seu site esteja completamente funcional e que receba pelo menos 1.000 visitantes únicos dentro do primeiro mês de lançamento

Receber Feedback Positivo

Maria Clara aspira a receber pelo menos 30 avaliações positivas dos clientes em suas redes sociais e em sua página de negócios do Google no primeiro trimestre após o lançamento.

Atender a um volume de vendas

Maria Clara espera vender pelo menos 500 unidades de brigadeiros gourmet no primeiro mês.

Com esses objetivos claros em mente, Maria Clara pode agora planejar e executar estratégias de lançamento da marca que a ajudarão a atingir essas metas.

Além disso, esses objetivos fornecem uma maneira de medir o sucesso do lançamento da marca, permitindo que Maria avalie seu desempenho e faça ajustes conforme necessário.

Vá adiante:

Identifique Seu Público-Alvo

Saiba quem são seus clientes ideais e onde eles passam o tempo. Isso ajudará você a decidir quais canais de marketing usar e que tipo de mensagens criar.

Crie uma Estratégia de Mídia Social

A mídia social é uma excelente plataforma para lançar sua marca. Você pode usar plataformas como Instagram, Facebook e Pinterest para compartilhar imagens atraentes dos seus brigadeiros gourmet, contar a história da sua marca e interagir diretamente com os clientes.

Organize um Evento de Lançamento

Um evento de lançamento pode ser uma maneira eficaz de gerar entusiasmo em torno da sua nova marca. Você pode convidar amigos, familiares, membros da imprensa local e influenciadores para provar seus brigadeiros gourmet e compartilhar suas experiências.

Medir o Sucesso

Depois do lançamento, é importante acompanhar o desempenho da sua marca. Use métricas como o tráfego do website, o número de seguidores nas mídias sociais, as vendas e o feedback dos clientes para avaliar se você está alcançando seus objetivos e para fazer ajustes conforme necessário.

O lançamento da marca é apenas o começo. É importante continuar a promover e desenvolver sua marca ao longo do tempo para construir relacionamentos duradouros com seus clientes e alcançar o sucesso a longo prazo.

6.9 CONSIDERAÇÕES FINAIS

A criação da marca é apenas uma parte da história. Manter e expandir sua marca é um trabalho contínuo que requer cuidado e atenção constantes.

Mantenha a Consistência

Uma vez que você tenha estabelecido sua identidade de marca, é importante manter a consistência em todas as suas comunicações e interações com os clientes. Isso inclui tudo, desde a embalagem do produto até a maneira como você responde aos comentários nas redes sociais.

Mantenha-se Atualizado com as Tendências do Mercado

As tendências do mercado e as preferências dos clientes mudam ao longo do tempo. Esteja sempre atento a essas mudanças e esteja pronto para adaptar sua marca e produtos conforme necessário.

Invista em Relacionamento com o Cliente

A construção de um relacionamento forte com seus clientes é uma parte essencial da manutenção de sua marca. Isso pode ser feito através de um excelente atendimento, interações regulares nas redes sociais, e ao fornecer valor constante aos seus clientes.

Nunca Comprometa a Qualidade

Sua marca é uma promessa aos seus clientes. Nunca comprometa a qualidade de seus produtos, pois isso pode prejudicar a reputação de sua marca.

Evolua e Cresça

À medida que seu negócio cresce, sua marca também deve evoluir. Não tenha medo de fazer ajustes e mudanças conforme necessário, para refletir o crescimento e desenvolvimento do seu negócio.

Criar uma marca forte é uma jornada, não um destino.

CAPÍTULO 7:
GERENCIAMENTO
DE OPERAÇÕES

Depois de ter um entendimento sólido do mercado, de ter criado um plano de negócios e ter estabelecido a sua marca, o próximo passo é operacionalizar o seu negócio de brigadeiros gourmet. Neste capítulo, iremos discutir sobre a implementação dos aspectos práticos de se administrar um negócio, incluindo a produção, gerenciamento de estoque, qualidade e controle de segurança, atendimento ao cliente e muito mais.

7.1 ORGANIZANDO A PRODUÇÃO

Para que o seu negócio de brigadeiros gourmet seja bem-sucedido, é crucial estabelecer um sistema eficiente de produção. Isso envolve não apenas o processo de fazer os brigadeiros, mas também a preparação de ingredientes, a embalagem e a limpeza. Passos para organizar a produção do seu negócio:

Preparação de Ingredientes

Antes de iniciar a produção, todos os ingredientes devem ser medidos e preparados. Ter todos os seus ingredientes prontos para uso (técnica conhecida como *mise en place*) pode tornar o processo de fabricação mais rápido e menos propenso a erros.

Fabricação dos Brigadeiros

A fabricação dos brigadeiros deve ser feita de acordo com a sua receita e padrões de qualidade estabelecidos. Considere a possibilidade de dividir o processo em etapas (como misturar, cozinhar, enrolar e decorar) para aumentar a eficiência

Embalagem

Após os brigadeiros serem feitos, eles precisam ser devidamente embalados. As embalagens não só protegem os brigadeiros, mas também são uma extensão da sua marca. A embalagem deve ser feita de forma que garanta a integridade do produto e ao mesmo tempo apresente uma imagem atrativa para o cliente.

Limpeza

A limpeza é uma parte crucial da produção, especialmente quando se trata de alimentos. Um ambiente de trabalho limpo garante que os alimentos sejam seguros para consumo e também pode aumentar a eficiência ao reduzir a bagunça.

Controle de Qualidade

Finalmente, mas não menos importante, todos os brigadeiros devem passar por um controle de qualidade antes de serem vendidos. Isso pode envolver a verificação do sabor, aparência e consistência dos brigadeiros.

A chave para um sistema de produção eficiente é a organização e a padronização. Ter um sistema claro permitirá que você produza brigadeiros de alta qualidade de forma consistente, mantendo os custos e o tempo de produção sob controle.

7.2 GERENCIAMENTO DE INVENTÁRIO

O gerenciamento eficaz do inventário é crucial para qualquer negócio, mas especialmente para aqueles que lidam com produtos perecíveis como os brigadeiros gourmet. Vamos explorar técnicas para manter um controle rigoroso do seu inventário, minimizando o desperdício e garantindo que você sempre tenha suprimentos suficientes à mão.

Um bom controle de estoque garante que você sempre tenha os ingredientes necessários para a produção, sem desperdício ou falta de material. Portanto, a primeira etapa para o gerenciamento eficaz do estoque é saber o que você tem. Isso inclui a quantidade de cada ingrediente, bem como a data de validade. Existem várias ferramentas e softwares disponíveis que podem ajudá-lo a rastrear seu inventário em tempo real.

Exemplo:

Imagine que você tenha identificado os seguintes ingredientes como necessários para a produção de seus brigadeiros: leite condensado, chocolate, manteiga, confeito de chocolate, e alguns ingredientes especiais para os sabores gourmet, como castanhas, licores ou frutas secas.

Inicialmente, você pode criar uma planilha simples, onde cada linha representa um ingrediente e as colunas representam informações como quantidade atual em estoque, quantidade utilizada por lote de brigadeiros, data da última compra, data de validade e quantidade mínima para reposição.

Ingrediente	Qtde. Atual	Qtde. por Lote	Data da Última Compra	Data de validade	Qtde. Mínima para reposição
Leite Condensado	50 latas	1 lata	10/05/23	12/12/23	20 latas
Chocolate	20 kg	200 g	15/05/23	15/11/23	5 kg
Manteiga	10 kg	100 g	17/05/23	17/06/23	2 kg
Confeito de chocolate	5 kg	50 g	10/05/23	10/12/23	1 kg
Castanhas	3 kg	50 g	20/05/23	20/09/23	1 kg

Com o passar do tempo e conforme o seu negócio cresce, você pode precisar de um sistema de gerenciamento de estoque mais sofisticado. Existem muitos softwares disponíveis no mercado que podem automatizar esse processo, ao rastrear o estoque em tempo real, ao prever a demanda e até mesmo automatizar a reposição de estoque quando os níveis caem abaixo de um determinado ponto.

A chave para o rastreamento eficaz do inventário é manter suas informações atualizadas e usá-las para tomar decisões informadas sobre as suas necessidades de estoque.

Previsão de demanda

Com base nas suas vendas passadas e na demanda do mercado, faça previsões para estimar a quantidade de cada ingrediente que você precisará no futuro. Isso pode ajudá-lo a planejar suas compras de forma mais eficiente e evitar a falta ou o excesso de estoque.

Exemplo:

Suponha que nas últimas semanas você vendeu, em média, 500 brigadeiros por semana. Sabendo disso, você pode prever que precisará de ingredientes suficientes para fazer pelo menos 500 brigadeiros na próxima semana.

Mas suponha também que você sabe que uma festa de casamento grande está planejada na sua cidade na próxima semana, e baseado em experiências passadas, eventos como esse geralmente aumentam suas vendas em 20%. Isso significa que você pode esperar vender 600 brigadeiros (500 + 20%) na próxima semana.

Além disso, se você acompanha de perto as vendas de cada sabor, pode notar tendências. Por exemplo, você pode notar que o sabor de brigadeiro de castanha é mais popular no inverno, enquanto o de morango é mais vendido no verão. Essas tendências sazonais também devem ser levadas em consideração na previsão de demanda.

Então, para a próxima semana, você pode prever que precisará de ingredientes para fazer 600 brigadeiros, e que talvez precise de mais castanhas se estiver no inverno, ou mais morangos se estiver no verão

Previsões são estimativas e não garantias. É importante acompanhar regularmente a demanda real e ajustar as previsões conforme necessário. E sempre manter um certo nível de estoque de segurança para acomodar flutuações imprevistas na demanda.

Manter um Estoque de Segurança

Sempre é uma boa ideia manter um estoque de segurança para os ingredientes mais usados. Isto é, uma quantidade extra além do que você prevê que precisará. Isso pode ajudar a evitar situações em que você fica sem um ingrediente devido a um aumento inesperado na demanda ou a atrasos no fornecimento.

Relação com Fornecedores

Estabeleça uma boa relação com seus fornecedores. Fornecedores confiáveis que entregam no prazo e fornecem produtos de qualidade são um componente essencial do gerenciamento eficaz do estoque

Controle de Qualidade

Não basta apenas controlar a quantidade dos seus ingredientes, a qualidade também é importante. Tenha um processo em vigor para verificar a qualidade dos ingredientes quando eles chegam e rejeitar qualquer produto que não atenda aos seus padrões.

Exemplo:

Inspeção de ingredientes

Sempre que você recebe um novo lote de ingredientes, reserve um tempo para inspecioná-los antes de adicioná-los ao seu estoque. Verifique a data de validade e procure sinais de danos ou contaminação. Por exemplo, se o chocolate parece descolorido ou se o leite condensado tem uma lata amassada, esses podem ser sinais de que o produto não está em boas condições.

Provas de sabor

Faça regularmente provas de sabor dos seus brigadeiros para garantir que a qualidade permanece constante. As variações nos ingredientes ou no processo de cozimento podem alterar o sabor do produto final, por isso é importante provar regularmente seus brigadeiros para detectar qualquer mudança.

Treinamento de funcionários

Certifique-se de que todos os seus funcionários entendem a importância da qualida-de e saibam como manusear e armazenar os ingredientes corretamente. Forneça treinamento regular para garantir que todos estejam seguindo as mesmas práticas de preparação e manuseio.

Feedback do cliente

Utilize o feedback dos seus clientes como uma ferramenta de controle de qualidade. Se vários clientes reclamarem que o sabor ou a textura dos seus brigadeiros mudou, isso pode ser um sinal de que há algum problema que precisa ser resolvido

Auditoria e revisão

Realize auditorias e revisões regulares das suas práticas de controle de qualidade. Isso pode envolver a revisão dos seus processos de inspeção de ingredientes, o feedback do cliente e o treinamento dos funcionários.

Uma estratégia eficaz de controle de qualidade garante que cada brigadeiro que sai da sua cozinha seja do mais alto padrão.

Reduzir Desperdício

Monitorar o seu estoque pode ajudar a identificar e reduzir o desperdício. Isso pode envolver a utilização de ingredientes antes que eles expirem ou a implementação de processos mais eficientes de produção.

7.3. CONSIDERAÇÕES FINAIS

Ao longo deste capítulo, exploramos os vários aspectos práticos da operacionalização do seu negócio de brigadeiros gourmet. Você aprendeu sobre a organização da produção, o gerenciamento de estoque, a garantia de qualidade e controle de segurança, o atendimento ao cliente e as responsabilidades legais e fiscais.

No entanto, é importante entender que a gestão eficaz de um negócio não é um processo que você configura e esquece. Ao contrário, é um esforço contínuo que requer ajustes e melhorias constantes.

Tome nota do que fazer:

Avaliação Regular

Faça uma avaliação regular do seu processo de produção e operações para identificar possíveis melhorias. Isso pode incluir a revisão da eficácia do seu gerenciamento de estoque, a qualidade do atendimento ao cliente e a eficiência do processo de produção.

Receptividade a Feedbacks

Esteja sempre aberto a feedbacks, seja dos seus clientes, funcionários ou fornecedores. Eles podem fornecer insights valiosos que podem ajudá-lo a melhorar o seu negócio.

Adaptação e Flexibilidade

O mercado está sempre mudando e é importante que o seu negócio possa se adaptar a essas mudanças. Isso pode envolver a introdução de novos sabores de brigadeiros, a adaptação às novas regulamentações de segurança alimentar ou a mudança de estratégia de marketing.

Aprendizado Contínuo

A indústria de alimentos e bebidas está sempre evoluindo, com novas tendências e inovações que surgem regularmente. Esteja sempre aprendendo e se atualizando sobre novas técnicas, tendências e melhores práticas.

Priorizar a Qualidade

No final do dia, a qualidade dos seus brigadeiros gourmet é o que definirá o sucesso do seu negócio. Sempre priorize a qualidade, mesmo que isso signifique tomar decisões difíceis ou investir um pouco mais.

O objetivo de tudo isso é construir um negócio de brigadeiros gourmet de sucesso e duradouro. Requer tempo, esforço e dedicação, mas com a abordagem certa, você estará bem posicionado para atingir esse objetivo.

CAPÍTULO 8:
CONSTRUINDO UMA EQUIPE

Um aspecto vital do seu negócio: a equipe! Do recrutamento ao desenvolvimento de liderança, cada elemento é crucial para criar um ambiente de trabalho produtivo e positivo. Tenha em mente que investir em sua equipe é investir no seu negócio. Os passos para desenvolver uma equipe de sucesso no seu negócio incluem:

8.1 CONTRATAÇÃO E GESTÃO DE FUNCIONÁRIOS

A contratação e gestão eficaz de funcionários são componentes essenciais na construção de uma equipe sólida para o seu negócio de brigadeiros gourmet.

Abaixo, discutiremos alguns elementos-chave deste processo:

Identificando as necessidades de pessoal

Antes de iniciar o processo de contratação, é importante identificar claramente quais funções precisam ser preenchidas. Seu negócio pode necessitar de um confeiteiro adicional, um assistente de cozinha, ou talvez alguém para lidar com a comercialização e a entrega dos brigadeiros.

Recrutamento

Com as necessidades identificadas, o próximo passo é atrair candidatos qualificados. Isso pode ser realizado através de diversas maneiras, como anúncios de emprego online, feiras de emprego locais, ou até mesmo através de referências de outros funcionários.

Seleção

O processo de seleção envolve a análise de currículos, entrevistas e, possivelmente, provas práticas. É fundamental selecionar candidatos que não apenas possuam as habilidades necessárias, mas que também compartilhem os valores de sua empresa e sejam capazes de se adaptar à sua cultura de trabalho.

Integração

Uma vez contratado, é crucial integrar efetivamente o novo funcionário à sua equipe. Isso pode envolver treinamento inicial, apresentações à equipe e orientação sobre políticas e procedimentos da empresa

Gestão

A gestão eficaz de funcionários envolve comunicação clara, fornecimento de feedback regular, reconhecimento do bom desempenho e resolução de conflitos de maneira justa e eficaz. Também inclui a manutenção da conformidade com todas as leis trabalhistas e regulamentos relevantes.

Retenção

Finalmente, a retenção de funcionários é uma parte crucial da gestão de pessoal. Isso pode ser alcançado através do oferecimento de salários justos, oportunidades de desenvolvimento profissional, um ambiente de trabalho positivo e o reconhecimento do trabalho bem feito.

Uma equipe forte e dedicada é uma das maiores vantagens que uma empresa pode ter. Ao investir tempo e esforço na contratação e gestão de funcionários, você estará investindo no sucesso a longo prazo do seu negócio de brigadeiros gourmet.

8.2 TREINAMENTO E DESENVOLVIMENTO

O treinamento e o desenvolvimento de seus funcionários são investimentos cruciais para o crescimento e sucesso do seu negócio de brigadeiros gourmet. Um time bem treinado é mais eficaz, eficiente e capaz de atender ou superar as expectativas dos clientes.

Vamos detalhar este tópico a seguir:

Treinamento Inicial

Quando novos membros se juntam à sua equipe, é essencial que recebam treinamento adequado para desempenhar suas funções. Isso pode incluir o treinamento sobre como fazer os brigadeiros gourmet, lidar com o equipamento de cozinha ou até mesmo sobre as políticas e procedimentos da empresa.

Desenvolvimento Contínuo

Além do treinamento inicial, é importante oferecer oportunidades de desenvolvimento contínuo para seus funcionários. Isso pode incluir treinamentos para aprimorar suas habilidades de confeitaria, seminários sobre atendimento ao cliente ou mesmo cursos de liderança para aqueles que demonstram potencial para assumir funções de gestão no futuro.

Avaliações de Desempenho

Para garantir que o treinamento e desenvolvimento estejam com o efeito desejado, e para identificar áreas que precisam de mais atenção, é essencial realizar avaliações regulares de desempenho. Isso permite que você dê feedback aos funcionários, reconheça seu bom trabalho e identifique oportunidades de melhoria.

Incentivar seus funcionários a buscar seu próprio aprendizado e desenvolvimento é extremamente benéfico. Apoio à educação continuada, como cursos de confeitaria avança-da, ou o incentivo à participação em workshops e conferências da indústria.

Investir em treinamento e desenvolvimento não apenas melhora a qualidade e eficiência do seu negócio, mas também demonstra aos seus funcionários que você valoriza e investe neles. Isso pode levar a maior satisfação no trabalho, retenção de funcionários e, em última análise, a um negócio de brigadeiros gourmet mais bem-sucedido.

8.3 CULTURA E VALORES DA EMPRESA

A cultura e os valores da empresa desempenham um papel significativo na definição da experiência de trabalho para seus funcionários e na forma como o seu negócio é percebido por seus clientes.

Vamos explorar este tópico mais a fundo:

Definindo a Cultura da Empresa

A cultura da empresa é o ambiente de trabalho que você cria para seus funcionários. Ela inclui o estilo de comunicação, os relacionamentos entre a equipe, a atitude em relação ao trabalho e a forma como os problemas são resolvidos. Uma cultura empresarial positiva pode aumentar a produtividade, a satisfação dos funcionários e a retenção.

Estabelecendo Valores da Empresa

Os valores da empresa são as crenças e princípios fundamentais que orientam as ações de sua empresa. Isso pode incluir coisas como compromisso com a qualidade, foco no atendimento ao cliente, integridade e respeito. Os valores da empresa são a espinha dorsal da sua cultura e devem ser refletidos em todas as decisões e ações da empresa.

Comunicando Cultura e Valores

Uma vez que você definiu sua cultura e valores, é importante comunicá-los claramente à sua equipe. Isso deve ser feito durante o processo de integração e reforçado regularmente através de reuniões de equipe, avaliações de desempenho e ações diárias.

Vivendo os Valores

É fundamental que você e sua equipe de liderança exemplifiquem os valores da empresa em todas as suas ações. Isso inclui como você interage com a equipe, como lida com os clientes e como responde aos erros e desafios. Lembre-se, uma cultura e valores fortes só podem existir se forem vividos todos os dias.

Uma cultura positiva e valores fortes não só criam um ambiente de trabalho mais agradável, mas também podem aumentar a motivação e a produtividade da equipe, melhorar a retenção de funcionários e fortalecer a imagem da marca.

8.4 GESTÃO DE CONFLITOS

Conflitos no local de trabalho são inevitáveis, mas a forma como são gerenciados pode ter um impacto significativo na saúde e produtividade da sua equipe. Uma gestão de conflitos eficaz pode transformar desafios em oportunidades de aprendizado e crescimento.

Algumas estratégias importantes para gerenciar conflitos em seu negócio:

Comunicação Aberta

Promover um ambiente em que todos se sintam confortáveis para expressar suas opiniões e preocupações é crucial. Isso inclui ter canais de comunicação claros e abertos e garantir que todos se sintam ouvidos.

Resolução Proativa

Não ignore os conflitos esperando que eles se resolvam sozinhos. Assim que um conflito surgir, é importante abordá-lo de forma direta e proativa. Isso pode envolver a facilitação de uma discussão entre as partes em conflito ou a tomada de medidas para resolver a situação.

Escuta Ativa

Quando um conflito ocorre, é importante ouvir atentamente todas as partes envolvidas para compreender completamente a situação. Isso envolve não apenas ouvir o que está sendo dito, mas também prestar atenção ao que não está sendo dito e observar a linguagem corporal.

Foco na Solução

Em vez de se concentrar no problema ou em quem está certo ou errado, o foco deve estar em encontrar uma solução que satisfaça todas as partes envolvidas. Isso pode requerer criatividade e flexibilidade, bem como uma abordagem focada na colaboração e no compromisso.

Aprendizado e Crescimento

Cada conflito é uma oportunidade para aprender e crescer. Depois que um conflito é resolvido, é útil refletir sobre o que o causou e como ele foi resolvido, a fim de evitar conflitos semelhantes no futuro e melhorar suas estratégias de gestão de conflitos.

Lembre-se, a gestão de conflitos eficaz não é apenas sobre resolvê-los, mas também sobre criar uma cultura que minimiza conflitos desnecessários e usa conflitos construtivos para melhorar e inovar.

8.5 LIDERANÇA E MOTIVAÇÃO

A liderança eficaz é fundamental para a motivação e o sucesso da equipe em qualquer empresa, e o mesmo se aplica ao seu negócio de brigadeiros gourmet. Uma boa liderança inspira a equipe a alcançar suas metas e criar um ambiente de trabalho positivo e produtivo.

Dicas:

Liderança pelo exemplo

Como líder, suas ações e atitudes têm um grande impacto na cultura do local de trabalho. Liderar pelo exemplo, mostrando ética de trabalho, integridade, profissionalismo e respeito, motiva a equipe a fazer o mesmo.

Comunicação clara

Uma boa liderança envolve a comunicação clara e aberta de expectativas, feedback e informações relevantes para a equipe. Faça reuniões regulares de equipe, sessões individuais de feedback e uma política de portas abertas para perguntas e preocupações

Reconhecimento e recompensa

Reconhecer e recompensar o bom trabalho é uma maneira poderosa de motivar a equipe. Faça elogios verbais, recompensas tangíveis, promoções ou oportunidades de desenvolvimento, etc.

Empoderamento da equipe

Empoderar sua equipe para tomar decisões, resolver problemas e assumir responsabilidades pode aumentar a motivação e o engajamento. Confie em sua equipe e forneça as ferramentas e o treinamento necessários para que possam ter sucesso.

Desenvolvimento de líderes futuros

Identificar e nutrir potenciais líderes em sua equipe pode ser uma forma eficaz de motivar a equipe e garantir o futuro sucesso do seu negócio. Oferte oportunidades de desenvol-vimento de liderança, como treinamento, mentoring ou novas responsabilidades.

A motivação vem de muitas fontes diferentes e o que funciona para um membro da equipe pode não funcionar para outro. É importante conhecer sua equipe e adaptar sua abordagem de liderança e motivação para atender às necessidades individuais.

8.6 INVESTIMENTO EM TREINAMENTO E DESENVOLVIMENTO DE EQUIPE

Investir no treinamento e no desenvolvimento da sua equipe é uma estratégia-chave para o sucesso do seu negócio de brigadeiros gourmet. A seguir daremos uma visão mais detalhada do que isso pode envolver:

Treinamento Profissional

Investir em treinamentos profissionais para seus funcionários, como cursos de confeitaria, higiene alimentar ou atendimento ao cliente melhora significativamente a qualidade e a eficiência do seu negócio.

Desenvolvimento de Habilidades

Além do treinamento profissional, você pode investir em desenvolvimento de habilidades, como treinamento de liderança para funcionários com potencial para posições de gestão, ou treinamentos de habilidades interpessoais para melhorar a dinâmica da equipe.

Educação Continuada

Encorajar e apoiar a educação contínua dos seus funcionários, seja através de cursos, workshops ou conferências ajuda-os a se manter atualizados com as últimas tendências e técnicas, beneficiando o seu negócio a longo prazo.

Treinamento Interno

O treinamento interno também pode ser uma forma valiosa de investimento em desenvolvimento de equipe. Faça mentorias, onde funcionários experientes ajudam a treinar aqueles menos experientes, ou sessões de treinamento regulares onde os funcionários podem compartilhar suas habilidades e conhecimentos uns com os outros.

Avaliação de Desempenho

Finalmente, investir tempo e recursos em avaliações de desempenho regulares ajudará a identificar as necessidades de treinamento e desenvolvimento da sua equipe, bem como acompanhar o progresso e dar feedback construtivo.

Investir em treinamento e desenvolvimento não apenas melhora a eficiência e a qualidade do seu negócio, mas também pode melhorar a satisfação dos funcionários e a retenção de equipe, tornando-se um investimento valioso para o seu negócio a longo prazo.

8.7 DESENVOLVIMENTO DE LIDERANÇA

O desenvolvimento de liderança é um aspecto essencial para o crescimento e sucesso a longo prazo de qualquer negócio. Não só permite que você crie uma reserva de talentos para as posições de liderança futura, mas também motiva e engaja a equipe, mostrando-lhes que há oportunidades de avanço dentro da organização.

Algumas maneiras de fomentar a liderança no seu negócio:

Identificar Potenciais Líderes

A primeira etapa no desenvolvimento de liderança é identificar aqueles na sua equipe que mostram potencial. Esses indivíduos são típica-mente automotivados, proativos e têm um forte desejo de aprender e crescer.

Mentoria e Coaching

Uma vez identificados os potenciais líderes, você pode oferecer mentoria e coaching para ajudá-los a desenvolver suas habilidades de liderança. Pode ser feito por você ou por outros líderes dentro da organização, ou até mesmo por profissionais de coaching externos.

Oportunidades de Liderança

Proporcione aos potenciais líderes oportunidades de assumir a liderança em projetos ou tarefas. Pode ser uma responsabilidade adicional em suas funções atuais ou uma promoção temporária para um cargo de supervisão.

Treinamento de Liderança

Existem muitos programas de treinamento de liderança disponíveis que podem ajudar a desenvolver habilidades como tomada de decisão, gestão de conflitos, estratégia e planejamento, e gestão de pessoas.

Feedback e Avaliação

Ao longo do processo de desenvolvimento de liderança, é importante fornecer feedback regular e avaliação para ajudar os potenciais líderes a crescer e melhorar. Possibilita identificar quaisquer lacunas em suas habilidades que possam precisar de atenção adicional.

Desenvolver lideranças leva tempo, e é um investimento a longo prazo no sucesso do seu negócio. Mas com o compromisso e a estratégia correta, você pode cultivar líderes fortes que ajudarão a levar o seu negócio de brigadeiros gourmet a novas alturas.

CAPÍTULO 9:
CRESCIMENTO E ESCALABILIDADE

Este capítulo explora o potencial de crescimento e escalabilidade do seu negócio de brigadeiros gourmet. A partir do momento em que for estabilizada a operação inicial, você poderá começar a pensar em expandir, seja aumentando a variedade de produtos, abrindo novas lojas ou até mesmo licenciando sua marca.

9.1 EXPANSÃO DE PRODUTOS E SERVIÇOS

A expansão de produtos pode ser uma excelente maneira de crescer. Poderá considerar a introdução de novos sabores de brigadeiros ou mesmo expandir para outras linhas de confeitaria. Discutiremos maneiras eficazes de pesquisar novas ideias de produtos e como implementá-las.

9.2 CRESCIMENTO FÍSICO E GEOGRÁFICO

Outra opção para crescimento é a expansão geográfica, seja abrindo novas lojas em diferentes localidades ou expandindo para vendas online. Exploraremos os prós e contras de cada abordagem e forneceremos dicas para tornar a expansão geográfica bem-sucedida.

9.3 FRANQUIAS E LICENCIAMENTO

Para alguns proprietários de negócios, franquiar ou licenciar sua marca pode ser uma maneira atraente de crescer. Abordaremos o que envolve cada opção, bem como os fatores a considerar ao decidir se é o caminho certo para o seu negócio.

9.4 PARCERIAS ESTRATÉGICAS

As parcerias estratégicas, seja com outros negócios locais ou grandes corporações, podem oferecer oportunidades para alcançar novos clientes e expandir sua presença no mercado. Exploraremos como encontrar e cultivar parcerias eficazes.

9.5 DIVERSIFICAÇÃO

A diversificação pode envolver a expansão para novas áreas de negócio ou a criação de múltiplos fluxos de receita. Discutiremos a importância da diversificação para a resiliência do negócio e forneceremos exemplos de como isso pode ser alcançado.

9.6 AVALIANDO OPORTUNIDADES DE CRESCIMENTO

Por último, vamos abordar como avaliar oportunidades de crescimento para garantir que sejam adequadas para o seu negócio e alinhadas com seus objetivos estratégicos. Vamos explorar técnicas de análise e avaliação para ajudar nesse processo.

Este capítulo fornecerá uma compreensão clara das várias estratégias de crescimento disponíveis para você e como escolher e implementar as opções que melhor se adaptam ao seu negócio de brigadeiros gourmet.

João Augusto Dukas

CAPÍTULO 10:
ESTRATÉGIAS DE MARKETING E VENDAS

10.1 DEFININDO SEU PÚBLICO-ALVO

O público-alvo é composto pelas pessoas que têm mais probabilidade de comprar o seu produto.

Identifique os interesses e necessidades do seu público:

Comece pensando sobre quem estaria interessado em brigadeiros gourmet. Essas são pessoas que apreciam doces de alta qualidade? São pessoas que buscam opções de presentes sofisticados? Ou são pessoas que querem experimentar novos sabores e texturas além do tradicional?

Considere fatores demográficos:

Fatores como idade, gênero, renda, localização geográfica e ocupação podem influenciar a preferência do consumidor por produtos gourmet. Por exemplo, um público mais jovem pode estar mais inclinado a experimentar sabores exóticos, enquanto um público mais velho pode preferir os clássicos. O poder aquisitivo também é um fator importante, pois os brigadeiros gourmet são geralmente mais caros do que os tradicionais.

Uma pesquisa de geolocalização lhe ajudará a entender melhor o perfil do público de determinada região e orientar as estratégias do seu negócio de brigadeiros gourmet.

Passos para realizar essa pesquisa de geolocalização:

Defina a área geográfica

Primeiro, é preciso definir a área geográfica que se deseja pesquisar. Isso pode ser feito levando em consideração fatores como a localização do seu negócio, regiões com maior potencial de público ou áreas com maior concorrência.

Utilize ferramentas de geolocalização

Existem diversas ferramentas de geolocalização disponíveis, como Google Maps, Foursquare, etc. Utilize essas ferramentas para obter informações sobre a população da região escolhida, como densidade demográfica, perfil socioeconômico, entre outros.

Faça uma pesquisa de mercado

Realize uma pesquisa de mercado com as pessoas que vivem na região escolhida. Utilize as informações obtidas nas ferramentas de geolocalização para selecionar as pessoas que serão pesquisadas e para entender melhor o perfil do público-alvo da região.

Identifique as tendências de consumo

Analise os dados obtidos na pesquisa para identificar as principais tendências de consumo da região escolhida. Identifique as preferências de sabor, os hábitos de consumo e as expectativas do público-alvo.

Utilize as informações para orientar as estratégias do negócio

Utilize as informações obtidas na pesquisa para orientar as estratégias do seu negócio de brigadeiros gourmet na região escolhida. Por exemplo, pode-se desenvolver sabores exclusivos que atendam às preferências locais ou criar promoções que incentivem o consumo na região.

Com esses passos, é possível realizar uma pesquisa de geolocalização eficaz para entender melhor o perfil do público de determinada região e orientar as estratégias do seu negócio de brigadeiros gourmet. Lembre-se de estar sempre atento às tendências do mercado e às mudanças nos hábitos e comportamentos dos consumidores da região escolhida.

Ferramentas de geolocalização permitem obter informações relevantes sobre a região escolhida, tais como:

Densidade demográfica

Essa informação pode ajudar a entender a quantidade de pessoas que vivem na região escolhida e, assim, avaliar o potencial de público para o negócio de brigadeiros gourmet

Perfil socioeconômico

As ferramentas de geolocalização podem fornecer informações sobre o perfil socioeconômico dos moradores da região, como faixa etária, renda média, escolaridade e outros indicadores. Essas informações podem ajudar a entender melhor o perfil do público-alvo e orientar as estratégias do negócio.

Hábitos de consumo

As ferramentas de geolocalização também podem ajudar a identificar os hábitos de consumo da região, como os tipos de estabelecimentos que são mais frequentados, as marcas mais consumidas, entre outros aspectos relevantes para o negócio.

Concorrência

É possível utilizar as ferramentas de geolocalização para identificar os estabelecimentos concorrentes na região escolhida, bem como avaliar a oferta de produtos e serviços similares.

Padrões de deslocamento

As ferramentas de geolocalização podem ajudar a entender os padrões de deslocamento dos moradores da região, identificando os locais que são mais frequentados e as rotas mais utilizadas. Essas informações podem ajudar a definir pontos estratégicos para divulgação do negócio de brigadeiros gourmet.

Ao utilizar as ferramentas de geolocalização, é possível obter informações valiosas sobre a região escolhida e orientar as estratégias do negócio de brigadeiros gourmet de forma mais assertiva e eficiente.

Realizar uma pesquisa de mercado com as pessoas que vivem na região escolhida é outra etapa importante na pesquisa de geolocalização para o negócio de brigadeiros gourmet.

Sugestões de como realizar essa pesquisa:

Definir o público-alvo

Antes de começar a pesquisa, é importante definir qual é o perfil do público-alvo que se deseja pesquisar. Leve em consideração aspectos como idade, gênero, renda e hábitos de consumo.

Selecionar a amostra

Utilize as informações obtidas nas ferramentas de geolocalização para selecionar uma amostra representativa da população que se deseja pesquisar. É importante que a amostra seja grande o suficiente para que os resultados sejam confiáveis.

Definir as perguntas

Desenvolva perguntas claras e objetivas, que ajudem a entender as preferências de sabor, os hábitos de consumo e as expectativas do público-alvo em relação ao negócio de brigadeiros gourmet. É importante que as perguntas sejam feitas de forma imparcial e que não induzam as respostas.

Realizar a pesquisa

A pesquisa pode ser feita de diversas formas, como entrevistas pessoais, questionários online ou telefônicos, entre outras. Escolha a metodologia que melhor se adapte ao perfil do público-alvo e à região escolhida.

Analisar os resultados

Após coletar os dados, é hora de analisar os resultados e identificar as principais tendências e padrões. É importante ter uma visão crítica e interpretativa dos resultados para conseguir extrair as informações mais relevantes para o seu negócio

Ao realizar uma pesquisa de mercado com o público da região escolhida, é possível obter informações valiosas sobre as preferências de sabor, os hábitos de consumo e as expectativas do público-alvo em relação ao negócio de brigadeiros gourmet.

Essas informações ajudam a orientar as estratégias de marketing, definir os sabores e apresentações mais adequados para a região e aprimorar a experiência do cliente no seu negócio.

Identificar a concorrência na região escolhida também é uma etapa importante na pesquisa de geolocalização para o negócio de brigadeiros gourmet. Algumas sugestões de como realizar essa análise são:

Pesquisar online

Faça uma busca na internet para identificar os estabelecimentos que oferecem produtos similares aos seus na região escolhida. Utilize palavras-chave relacionadas ao seu negócio, como "docerias" ou "brigadeiros gourmet", e verifique a lista de resultados

Visitar pessoalmente os estabelecimentos

Faça uma visita pessoal aos estabelecimentos concorrentes para entender melhor a oferta de produtos e serviços, a qualidade dos produtos e os preços praticados. É importante observar a apresentação dos produtos, a disposição da loja, o atendimento e outros aspectos relevantes para o negócio.

Analisar as redes sociais

Verifique as redes sociais dos estabelecimentos concorrentes para entender melhor a percepção dos clientes em relação ao negócio, as promoções e os descontos oferecidos e outros aspectos relevantes.

Avaliar a reputação online

Verifique a reputação dos estabelecimentos concorrentes em sites especializados, como o TripAdvisor ou o Yelp. Esses sites permitem avaliações e comentários de clientes, o que pode ajudar a entender a qualidade dos produtos e o nível de satisfação dos clientes.

Identificar os pontos fortes e fracos dos concorrentes

Analise as informações coletadas para identificar os pontos fortes e fracos dos estabelecimentos concorrentes. Isso pode ajudar a orientar as estratégias do seu negócio de brigadeiros gourmet, definir pontos de diferenciação e aprimorar a oferta de produtos e serviços.

Ao identificar a concorrência na região escolhida, você entenderá melhor o mercado e as tendências de consumo na região e poderá orientar as estratégias do seu negócio de brigadeiros gourmet de forma mais eficaz e assertiva.

Igualmente importante é compreender os padrões de deslocamento dos moradores da região escolhida.

Sugestões para realizar essa análise:

Utilizar as ferramentas de geolocalização

Utilize ferramentas de geolocalização, como o Google Maps, para identificar os pontos de maior movimento na região escolhida. É possível verificar as rotas mais utilizadas pelos moradores, os estabelecimentos mais frequentados, entre outros aspectos.

Observar a movimentação na região

Faça uma observação pessoal da movimentação na região escolhida, principalmente nos horários de maior movimento. Observe os locais onde as pessoas costumam se concentrar, como praças, parques, feiras livres, entre outros.

Conversar com moradores e comerciantes locais

Converse com moradores e comerciantes locais para entender melhor os hábitos de deslocamento da população e as rotas mais utilizadas.

Identificar pontos estratégicos para divulgação

Utilize as informações obtidas para identificar os pontos estratégicos para divulgação do seu negócio de brigadeiros gourmet. Esses pontos podem ser locais de grande circulação, pontos de ônibus, estações de metrô, entre outros.

Adaptar as estratégias de marketing

Utilize as informações obtidas para adaptar as estratégias de marketing do seu negócio de brigadeiros gourmet, definindo pontos de distribuição estratégicos e adaptando a oferta de produtos e serviços aos padrões de deslocamento da população local.

Ao compreender os padrões de deslocamento dos moradores da região escolhida, é possível direcionar as estratégias de marketing e a oferta de produtos e serviços do seu negócio de brigadeiros gourmet de forma mais eficaz, alcançando um público maior e aumentando as chances de sucesso do negócio

Definir a área geográfica é a primeira etapa na pesquisa de geolocalização para o negócio de brigadeiros gourmet.

Sugestões:

Definir a localização do seu negócio

Se o seu negócio de brigadeiros gourmet já possui uma localização definida, essa será a área geográfica a ser pesquisada. Nesse caso, é importante avaliar as características da região, como a densidade demográfica, o perfil socioeconômico da população, os hábitos de consumo e a concorrência.

Identificar regiões com maior potencial de público

Utilize as ferramentas de geolocalização para identificar regiões com maior potencial de público para o seu negócio de brigadeiros gourmet. Leve em consideração fatores como a densidade demográfica, a renda média da população, o perfil socioeconômico e os hábitos de consumo

Avaliar regiões com maior concorrência

Identifique regiões com maior concorrência na oferta de produtos similares aos seus e avalie a viabilidade de estabelecer o seu negócio nessas regiões. Leve em consideração a oferta de produtos e serviços similares, a qualidade dos produtos e a reputação dos estabelecimentos concorrentes.

Identificar regiões com menor concorrência

Identifique regiões com menor concorrência na oferta de produtos similares aos seus e avalie a viabilidade de estabelecer o seu negócio nessas regiões. Leve em consideração a densidade demográfica, o perfil socioeconômico e os hábitos de consumo da população local.

Ao definir a área geográfica para a pesquisa de geolocalização, é possível direcionar as estratégias de marketing e a oferta de produtos e serviços do seu negócio de brigadeiros gourmet de forma mais eficaz, alcançando um público maior e aumentando as chances de sucesso do negócio.

E, ainda...

Investigue o comportamento do consumidor

Como e quando as pessoas compram brigadeiros? É para consumo próprio ou para presentear? É uma compra por impulso ou planejada? O comportamento do consumidor pode te ajudar a entender melhor como posicionar e vender o seu produto.

Analise a concorrência

Veja quem são seus concorrentes diretos e indiretos. Quem são os clientes deles? Há um segmento de mercado que não está sendo atendido? A análise da concorrência pode ajudar a identificar oportunidades e nichos de mercado.

Depois de definir o seu público-alvo, você poderá tomar decisões mais informadas sobre o desenvolvimento do produto, precificação, marketing e vendas. É preciso revisitar e ajustar a definição do seu público-alvo conforme o seu negócio cresce e evolui.

10.2 ESTRATÉGIAS DE MARKETING

A estratégia de marketing para o seu negócio de brigadeiros gourmet deve ser pensada de modo a alcançar seu público-alvo da maneira mais eficaz possível.

Marketing nas Redes Sociais

As redes sociais são ferramentas poderosas para promover seus brigadeiros gourmet. Facebook, Instagram e Pinterest são particularmente úteis para negócios de alimentos, pois permitem que você compartilhe fotos e vídeos atraentes dos seus produtos. Use hashtags relevantes para aumentar a visibilidade das suas postagens e considere usar anúncios pagos para alcançar um público maior

Marketing de Conteúdo

Considere criar um blog ou canal no YouTube onde você compartilha receitas, dicas de culinária, histórias por trás dos seus brigadeiros e outros conteúdos que seu público-alvo pode achar interessantes. Isso não só ajuda a promover seus produtos, mas também estabelece você como uma autoridade no seu campo.

Parcerias Locais

Faça parcerias com outros negócios locais que complementam o seu. Por exemplo, você pode trabalhar com uma loja de vinhos local para oferecer pacotes de brigadeiros e vinho, ou você pode fornecer seus brigadeiros para cafés e restaurantes locais.

Participação em Eventos

Participar de feiras, mercados de agricultores e outros eventos locais pode ser uma ótima maneira de promover seus brigadeiros gourmet. Além de vender diretamente para os clientes, você também tem a chance de se conectar com a comunidade e aumentar a consciência da marca.

Programa de Fidelidade

Incentive os clientes a continuarem voltando com um programa de fidelidade. Por exemplo, você pode oferecer um brigadeiro gratuito após a compra de uma certa quantidade.

E-mail Marketing

Construa uma lista de e-mails de clientes e envie newsletters regulares com novos sabores, ofertas especiais, eventos e outros updates sobre o seu negócio de brigadeiros gourmet.

Algumas ferramentas gratuitas de marketing disponíveis para e-commerce que podem auxiliá-lo:

Google Analytics

O Google Analytics é uma ferramenta gratuita de análise de tráfego de sites que permite monitorar as visitas, o comportamento do usuário e as conversões no site de e-commerce. É possível identificar a origem do tráfego, o tempo de permanência no site e as páginas mais visitadas, dentre outras informações importantes para otimizar a estratégia de marketing.

Google Search Console

O Google Search Console é uma ferramenta gratuita de análise de SEO que permite monitorar o desempenho do site de e-commerce nas pesquisas do Google. É possível monitorar as palavras-chave mais buscadas, a posição do site nos resultados de pesquisa e identificar erros e problemas que podem estar prejudicando o desempenho do site.

Google Meu Negócio

O Google Meu Negócio é uma ferramenta gratuita que permite que os donos de empresas gerenciem a forma como as informações de suas empresas aparecem no Google, incluindo endereço, horário de funcionamento e avaliações de clientes.

Hootsuite

O Hootsuite é uma ferramenta gratuita de gestão de mídias sociais que permite agendar postagens e gerenciar várias contas de redes sociais de forma centralizada.

Canva

O Canva é uma ferramenta gratuita de design gráfico que permite criar imagens e gráficos para as redes sociais e outras plataformas de marketing.

Mailchimp

O Mailchimp é uma ferramenta gratuita de e-mail marketing que permite criar campanhas de e-mail personalizadas para os clientes do site de e-commerce.

Hotjar

O Hotjar é uma ferramenta gratuita de análise de comportamento do usuário que permite monitorar como os usuários interagem com o site de e-commerce. É possível identificar onde os usuários clicam, o tempo que passam em cada página e como se movimentam pelo site, dentre outras informações valiosas.

Marketing não é uma ciência exata. É importante experimentar diferentes estratégias, monitorar os resultados e ajustar conforme necessário.

10.3. VENDAS E DISTRIBUIÇÃO

A venda e distribuição dos seus brigadeiros gourmet é uma etapa crucial do seu negócio. A forma como você decide disponibilizar seus produtos ao público pode variar dependendo de diversos fatores, incluindo o alcance geográfico desejado, a capacidade de produção e a experiência que você deseja proporcionar ao cliente

Vendas Online

Criar um site ou loja online permite que você venda seus brigadeiros gourmet para clientes de todo o país ou mesmo do mundo inteiro. Isso pode aumentar significativamente o seu alcance, mas também vem com desafios logísticos, como o envio dos produtos de maneira que cheguem aos clientes em perfeitas condições.

Feiras e Eventos Locais

Participar de feiras e eventos locais é uma ótima maneira de vender diretamente para os clientes e fazer seu negócio se tornar conhecido na comunidade. Este método de venda permite que você interaja pessoalmente com os clientes, receba feedback em tempo real e construa relacionamentos.

Loja Física Própria

Se você tem os recursos e a demanda é alta, pode considerar abrir sua própria loja física. Isso permite que você controle completamente a experiência do cliente, mas também vem com custos e responsabilidades adicionais, como aluguel, manutenção e atendimento ao cliente.

Vendas em Atacado para Empresas Locais

Outra opção é vender seus brigadeiros gourmet em atacado para empresas locais, como restaurantes, cafés e lojas de presentes. Essa estratégia pode proporcionar um fluxo de renda estável e reduzir a quantidade de tempo e esforço gasto com vendas individuais.

Serviços de Catering e Encomendas Personalizadas

Você também pode oferecer serviços de catering para eventos, ou encomendas personalizadas para ocasiões especiais como casamentos, aniversários e festas de empresa. Isso pode ser uma maneira de proporcionar um serviço exclusivo e diferenciado para os seus clientes.

Cada uma dessas opções tem suas próprias vantagens e desvantagens, e a escolha certa depende dos objetivos específicos do seu negócio, da sua capacidade de produção e da demanda dos clientes. Você pode até decidir usar uma combinação dessas estratégias para atingir diferentes segmentos do seu público-alvo. No próximo item, falaremos sobre como medir o sucesso e ajustar a estratégia.

10.3. MEDINDO O SUCESSO E AJUSTANDO A ESTRATÉGIA

A medida do sucesso em qualquer negócio envolve a avaliação contínua de desempenho e a realização de ajustes conforme necessário.

Defina Metas Claras

Antes de mais nada, é importante ter uma ideia clara do que significa o sucesso para você. Isso pode ser uma determinada quantidade de vendas, um número de clientes, uma margem de lucro ou qualquer outra métrica que faça sentido para o seu negócio. Essas metas fornecerão um padrão contra o qual você pode medir o seu progresso.

Acompanhe as Vendas

Acompanhe de perto suas vendas. Isso inclui não apenas o número total de vendas, mas também coisas como a frequência de compra dos clientes, o tamanho médio do pedido e quais produtos são mais populares. Esses dados ajudarão a identificar tendências, entender o comportamento do cliente e tomar decisões informadas sobre coisas como produção, precificação e marketing.

Solicite Feedback dos Clientes

Peça aos clientes que compartilhem suas opiniões sobre seus produtos. Isso pode ser feito por meio de pesquisas, comentários em redes sociais, ou até mesmo conversas cara a cara. O feedback dos clientes pode fornecer informações valiosas sobre como melhorar seus produtos e serviços.

Análise da Concorrência

Mantenha-se atualizado sobre o que seus concorrentes estão fazendo. Se eles estão tendo sucesso com uma determinada estratégia de marketing, por exemplo, você pode considerar se essa estratégia também funcionaria para o seu negócio.

Avalie as Estratégias de Marketing

Se você está usando anúncios pagos em redes sociais, por exemplo, a plataforma provável-mente fornecerá dados sobre quantas pessoas estão vendo e interagindo com seus anúncios. Use esses dados para avaliar a eficácia de suas campanhas de marketing e fazer ajustes conforme necessário

Medir o sucesso e fazer ajustes é um processo contínuo. O que funciona hoje pode não funcionar amanhã, e é importante estar sempre avaliando o desempenho do seu negócio e procurando maneiras de melhorar.

Exemplo de meta de quarenta mil reais por mês ao custo de oito reais por unidade de brigadeiro:

Para estabelecer uma meta de R$40.000 por mês vendendo brigadeiros gourmet a R$8,00 cada, precisamos primeiro determinar quantos brigadeiros você precisará vender para atingir essa meta.

Dividindo a meta de renda mensal pelo preço por unidade, temos:

R$40.000 ÷ R$8 = 5.000 brigadeiros.

Isso significa que você precisará vender 5.000 brigadeiros por mês para atingir sua meta de renda de R$40.000. Para facilitar o gerenciamento, você pode dividir essa meta semanalmente ou diariamente.

Semanalmente:

5.000 brigadeiros ÷ 4 semanas = 1.250 brigadeiros por semana.

Diariamente:

5.000 brigadeiros ÷ 30 dias = 167 brigadeiros por dia.

Por favor, note que essa meta não considera custos associados à produção, marketing e outras despesas operacionais. Portanto, embora você possa atingir sua meta de vendas, o lucro real pode ser menor dependendo de suas despesas totais. É importante também levar em consideração a capacidade de produção, para garantir que seja possível produzir o número necessário de brigadeiros para atingir a meta de vendas.

10.4. CONSIDERAÇÕES FINAIS

Iniciar um negócio de brigadeiros gourmet é uma jornada emocionante e potencialmente lucrativa. No entanto, como qualquer empreendimento, requer planejamento cuidadoso, trabalho árduo e uma disposição para aprender e se adaptar. Leve em conta:

Persistência e Paciência

Um negócio não se torna bem-sucedido da noite para o dia. Haverá desafios ao longo do caminho e pode levar tempo para construir uma base de clientes sólida. Seja persistente, mantenha-se firme na visão do seu negócio e seja paciente.

Foco na Qualidade

A qualidade dos seus brigadeiros gourmet é a espinha dorsal do seu negócio. Investir tempo e recursos para garantir que cada brigadeiro seja o melhor possível é fundamental para o sucesso a longo prazo.

Excelência no Atendimento ao Cliente

Além de um produto de alta qualidade, a forma como você interage e atende seus clientes é crucial. Um excelente atendimento ao cliente pode transformar clientes casuais em clientes fiéis e defensores da sua marca.

Flexibilidade e Inovação

O mundo dos negócios está em constante mudança, e o mesmo vale para as preferências dos clientes. Esteja disposto a se adaptar, inovar e experimentar novas ideias para manter seu negócio fresco e relevante.

Aprendizado Contínuo

Nunca pare de aprender. Esteja sempre em busca de novas técnicas, tendências do mercado ou estratégias de negócios que possam ajudar você a melhorar e crescer.

Por fim, lembre-se de que todos os negócios, grandes ou pequenos, começam com um sonho. Se você tem paixão, dedicação e está disposto a trabalhar duro, tem tudo o que precisa para transformar seu sonho de possuir um negócio de brigadeiros gourmet bem-sucedido em realidade. Boa sorte em sua jornada empreendedora!

João Augusto Dukas

CAPÍTULO 11:
CRESCENDO E EXPANDINDO O SEU NEGÓCIO DE BRIGADEIROS GOURMET

Depois de estabelecer seu negócio de brigadeiros gourmet e ter uma operação sólida e rentável, o próximo passo é considerar como você pode crescer e expandir seu negócio.

Este capítulo irá orientá-lo sobre como escalar suas operações, explorar novos mercados, diversificar seus produtos e serviços, construir um legado duradouro, etc.

11.1 EXPANSÃO DO MENU

Expandir o menu de um negócio de brigadeiros gourmet pode ser uma maneira eficaz de atrair uma clientela mais ampla e aumentar as vendas. Aqui estão algumas estratégias que podem ajudar na expansão do menu:

Novos sabores de brigadeiros

Talvez a maneira mais óbvia de expandir o menu seja introduzir novos sabores de brigadeiros. Esses podem ser inspirados por tendências de sabor populares, pratos tradicionais, ou até mesmo com base em pedidos especiais de clientes. Por exemplo, se você perceber que brigadeiros de limão siciliano estão se tornando populares, você pode considerar adicionar esse sabor ao seu menu.

Brigadeiros temáticos

Os brigadeiros podem ser personalizados para eventos especiais ou datas comemorativas. Por exemplo, brigadeiros em formato de coração para o Dia dos Namorados, ou brigadeiros com ingredientes tradicionais para épocas festivas, como o Natal ou a Páscoa.

Produtos complementares

Considerando que a maioria dos seus clientes são amantes de doces, introduzir produtos complementares que também sejam doces pode ser uma boa estratégia. Por exemplo, você pode oferecer bolos, trufas de chocolate ou doces de frutas que complementem os seus brigadeiros.

Opções sem glúten, veganas ou sem lactose

Atender a restrições dietéticas e estilos de vida específicos pode ajudar a atrair um público mais amplo. Considerando as tendências atuais de alimentação, você pode oferecer opções de brigadeiros sem glúten, veganos ou sem lactose. Ao expandir o menu, é importante lembrar que a qualidade deve sempre ser a prioridade. Cada novo item deve atender aos mesmos padrões elevados dos seus brigadeiros originais. Além disso, a expansão deve ser feita de forma gradual, permitindo que você avalie a resposta do cliente a cada novo item e ajuste o menu conforme necessário.

11.2. ESCALANDO OPERAÇÕES

À medida que seu negócio de brigadeiros gourmet ganha tração e a demanda por seus produtos aumenta, você pode se encontrar em uma posição em que é necessário escalar suas operações. Escalar efetivamente exige uma abordagem equilibrada que aumente a produção, mantendo a qualidade e a consistência do produto.

Áreas a considerar:

Equipamento de cozinha

A aquisição de equipamentos de cozinha mais avançados e eficientes pode aumentar drásticamente a quantidade de brigadeiros que você é capaz de produzir. Procure por equipamentos que possam automatizar partes do processo de fabricação sem comprometer a qualidade do produto final.

Mão de obra

À medida que a produção aumenta, provavelmente você precisará contratar mais funcionários para ajudar a atender à demanda. Isso envolverá não apenas a contratação de novos funcionários, mas também o treinamento adequado para garantir que eles mantenham a qualidade e a consistência dos brigadeiros.

Espaço de produção

À medida que você expande suas operações, pode ser necessário considerar um espaço de produção maior, ou fazer a transição de uma cozinha doméstica para um espaço comercial dedicado.

Gestão de inventário

À medida que a produção aumenta, também aumenta a necessidade de ingredientes e materiais de embalagem. Um sistema eficiente de gerenciamento de inventário será crucial para garantir que você sempre tenha os suprimentos necessários à mão.

Logística e distribuição

À medida que você produz mais brigadeiros, também precisará pensar em como entregá-los aos clientes de maneira eficiente. Pode-se considerar a contratação de um serviço de entrega ou a compra de um veículo de entrega.

É essencial manter o foco na qualidade e consistência que fizeram seus brigadeiros gourmet um sucesso em primeiro lugar.

11.3. DIVERSIFICAÇÃO DE CANAIS DE VENDAS

Diversificar os canais de venda é uma excelente estratégia para ampliar o alcance de seus brigadeiros gourmet e alcançar uma base de clientes mais ampla. Ajuda a mitigar riscos, alcançar diferentes segmentos de clientes e aumentar a resiliência. No entanto, é importante gerenciar cada canal efetivamente para garantir que a qualidade do produto e do serviço se mantenha consistente.

Lojas físicas

Ter um espaço físico onde os clientes podem visitar, experimentar e comprar seus brigadeiros é uma ótima visibilidade de sua marca. Isso pode ser uma loja própria, quiosques em shopping centers, ou mesmo stands em feiras e eventos.

Vendas online

Com o crescimento do e-commerce, ter um site ou plataforma online onde os clientes podem fazer pedidos permite a compra de seus produtos a qualquer hora e de qualquer lugar.

Parcerias com outros negócios

Colocar seus produtos em outros estabelecimentos, como cafeterias, restaurantes ou lojas aumenta a visibilidade e o alcance de seus brigadeiros. Isso também pode levar a parcerias benéficas de longo prazo.

Serviço de assinatura

Uma tendência crescente é o serviço de assinatura, onde os clientes recebem uma seleção de seus brigadeiros em casa em um intervalo regular (semanal, quinzenal ou mensal). Oferece-se conveniência ao cliente e uma receita regular para o negócio.

Eventos e catering

Oferecer seus produtos para eventos, como casamentos, festas de aniversário ou reuniões corporativas, é outra maneira de diversificar seus canais de vendas. Além disso, os eventos também oferecem uma oportunidade para apresentar seus produtos a um público.

11.4. EXPANSÃO PARA OUTRAS CIDADES

Se sua operação é baseada em uma cidade específica, considere expandir para outras cidades. Isso pode envolver a abertura de novas lojas físicas ou o estabelecimento de parcerias com lojas existentes para vender seus produtos.

11.5 EXPORTAÇÃO PARA OUTROS PAÍSES:

O brigadeiro é um doce típico brasileiro que, nos últimos anos, tem ganhado o paladar de pessoas ao redor do mundo, fenômeno conhecido como internacionalização do brigadeiro. Alguns pontos sobre esse processo.

Reconhecimento Internacional

O brigadeiro já era bem conhecido pelos turistas que visitavam o Brasil, mas, com o aumento da visibilidade global do país (como a Copa do Mundo de 2014 e as Olimpíadas de 2016), o doce começou a ganhar ainda mais reconhecimento internacional.

Versatilidade do Produto

O brigadeiro é um produto altamente versátil. A sua receita base pode ser adaptada com uma infinidade de sabores e ingredientes, o que permite criar variedades gourmet que atendem a diversos paladares e preferências culturais. Isso torna o brigadeiro um produto com grande potencial de aceitação em diferentes mercados ao redor do mundo.

Negócios Brasileiros no Exterior

Empresários brasileiros têm aberto lojas de brigadeiros em várias partes do mundo, como Estados Unidos, Europa e Oriente Médio. Muitas dessas lojas também oferecem outros doces e pratos brasileiros, ajudando a promover a culinária brasileira no exterior.

Adoção por Chefs de Alta Gastronomia

O brigadeiro também tem sido adotado por chefs de alta gastronomia, que o reinventam em suas criações, levando o doce a um público ainda mais amplo.

Desafios da Internacionalização

Apesar do potencial, a internacionalização do brigadeiro não é sem desafios. Entre eles, estão a necessidade de adaptar o produto a preferências locais, a obtenção de ingredientes de qualidade no mercado local, a conformidade com regulamentos alimentares estrangeiros e a competição com doces locais já estabelecidos.

Apesar desses desafios, a internacionalização do brigadeiro é um exemplo da crescente globalização da culinária brasileira. Seja em uma versão tradicional ou gourmet, o brigadeiro tem se tornado um verdadeiro embaixador da cultura e da culinária brasileira no exterior.

Tanto é verdade que, recentemente, a rede de mercearias Trader Joe's, nos EUA, colocou à venda brigadeiros importados de Portugal, descrevendo a iguaria como "doce de Portugal". Houve mais de cinco mil protestos de brasileiros indignados só no Instagram.

Tirando esse ultraje, fato é que o brigadeiro está se tornando mundial. Há um mundo todo lá fora esperando para se apaixonar pelo nosso docinho mais popular.

11.6 AUTOMATIZAÇÃO E EFICIÊNCIA DE PROCESSOS

À medida que seu negócio de brigadeiros gourmet cresce, você pode descobrir que a tecnologia pode desempenhar um papel crucial na simplificação de suas operações e na melhoria da experiência do cliente.

Considere o investimento em tecnologia:

Sistema de gerenciamento de pedidos

Um sistema de gerenciamento de pedidos eficiente pode ajudar a simplificar o processo de aceitar e acompanhar os pedidos dos clientes. Ele pode ajudar a evitar erros, melhorar a precisão e economizar tempo.

Vendas online e e-commerce

Ter um site ou plataforma online onde os clientes possam fazer pedidos é quase uma necessidade nos dias de hoje. Você pode considerar o investimento em uma plataforma de e-commerce que facilite a venda online de seus brigadeiros gourmet.

Tecnologia de pagamento

As opções de pagamento sem contato estão se tornando cada vez mais populares. Considere investir em tecnologia que permita aos clientes pagar por seus brigadeiros através de aplicativos móveis, cartões de crédito ou carteiras digitais.

Gerenciamento de estoque

Um sistema de gerenciamento de estoque pode ajudar a manter o controle de seus ingredientes e evitar desperdícios. Isso pode ser especialmente útil se você estiver gerenciando múltiplos pontos de venda.

Redes sociais e marketing digital

As redes sociais são uma ferramenta poderosa para alcançar novos clientes e promover seus produtos. Considere o uso de ferramentas de marketing digital para gerenciar suas contas de redes sociais e criar campanhas de publicidade online.

É importante considerar o retorno sobre o investimento. Embora a tecnologia possa trazer muitos benefícios, ela também pode ser cara. Portanto, certifique-se de que a tecnologia que você escolher ajudará a melhorar a eficiência e a lucratividade de seu negócio de brigadeiros gourmet.

11.7 CRIAÇÃO DE FRANQUIAS

Franquiar seu negócio de brigadeiros gourmet pode ser uma excelente estratégia de expansão, pois permite que outras pessoas invistam no seu modelo de negócio comprovado. No entanto, a criação de franquias também envolve uma série de desafios.

Pontos importantes a considerar:

Desenvolvimento de um modelo de franquia

Antes de poder oferecer franquias, você precisa desenvolver um modelo de negócio que possa ser replicado em vários locais. Isso inclui tudo, desde a lista de ingredientes e as receitas até o design da loja e o treinamento dos funcionários.

Documentação

Uma vez que o modelo de negócio esteja pronto, é necessário documentar todos os processos e sistemas em um manual de operações de franquia. Este manual será a referência principal para os franqueados e ajudará a garantir que cada local mantenha os padrões e as práticas do negócio original.

Processo de seleção de franqueados

A seleção dos franqueados é um passo crucial no processo de criação de franquias. Você precisa estabelecer critérios claros para a seleção de potenciais franqueados e um processo de entrevista que ajude a identificar candidatos que compartilhem a sua visão e estejam dispostos a seguir o seu modelo de negócio.

Suporte e treinamento aos franqueados

Após a seleção dos franqueados, é essencial fornecer treinamento e suporte contínuos. Isso pode incluir treinamento em gestão de negócios, treinamento em preparação de brigadeiros, suporte de marketing e mais.

Monitoramento e manutenção da qualidade

A qualidade deve ser mantida em todos os locais de franquia, o que pode ser um desafio à medida que o negócio cresce. Implementar um sistema eficaz de controle de qualidade e monitoramento regular são fundamentais para manter a reputação da marca e a satisfação do cliente.

Franquear um negócio pode ser um projeto complexo e desafiador, mas também pode ser uma maneira extremamente eficaz de expandir o seu negócio de brigadeiros gourmet para novos mercados.

11.8 DESAFIOS E CONSIDERAÇÕES NA EXPANSÃO DO NEGÓCIO:

Um olhar realista sobre os desafios que você pode enfrentar ao tentar expandir seu negócio e conselhos sobre como superá-los. Isso pode incluir questões como a manutenção da consistência da marca, a gestão de uma equipe maior ou a navegação em diferentes regulamentos de alimentos quando se expande para novos mercados.

A diversificação é uma excelente estratégia para aumentar a receita e atrair um público maior. Aqui estão algumas ideias sobre como você pode diversificar sua oferta de produtos e serviços no seu negócio de brigadeiros gourmet:

Novos sabores de brigadeiros

A experimentação com novos sabores é uma maneira simples e eficaz de diversificar sua oferta de produtos. Você pode criar sabores sazonais ou edição limitada, ou até mesmo oferecer personalização, onde os clientes podem criar seus próprios sabores.

Kits de Brigadeiro Gourmet para fazer em casa

Estes kits podem incluir todos os ingredientes que um cliente precisa para fazer seus próprios brigadeiros em casa. Essa é uma ótima maneira de atrair clientes que gostam de cozinhar, ou que estão procurando uma atividade divertida para fazer com crianças.

Aulas de culinária

Ofereça aulas onde você ensina aos clientes como fazer seus próprios brigadeiros gourmet. As aulas podem ser realizadas em pessoa ou online, e você pode cobrar uma taxa por participante.

Presentes e lembranças

Ofereça embalagens de presente especiais para os seus brigadeiros, ou crie lembranças temáticas para ocasiões especiais, como casamentos, aniversários e festas de final de ano.

Parcerias com outros produtores de alimentos gourmet

Trabalhe em conjunto com produtores de outros alimentos gourmet para criar produtos exclusivos. Por exemplo, você pode se associar a um produtor local de café para criar brigadeiros com sabor de café, ou trabalhar com uma vinícola para criar um brigadeiro que combine bem com um determinado vinho.

Preparando-se para o Inesperado

Nesta última seção, discutiremos a importância de estar preparado para o inesperado, incluindo desafios econômicos, desastres naturais ou uma pandemia. Aprenda a criar um plano de continuidade de negócios para garantir que seu negócio possa sobreviver e prosperar, não importa o que aconteça.

Manter a qualidade do produto

Não importa quão grande se torne o seu negócio, a qualidade dos seus brigadeiros gourmet deve ser sempre prioridade. Nunca perca de vista os padrões que ajudaram você a ganhar a lealdade e a confiança dos seus clientes.

Ficar conectado com os clientes

À medida que seu negócio se expande, pode ser fácil perder a conexão pessoal com os clientes. Mantenha-se conectado através de mídias sociais, e-mails e encontros pessoais. Valorize o feedback dos clientes e use-o para melhorar continuamente seus produtos e serviços.

Manter a cultura da empresa

Seu negócio tem uma cultura e uma identidade únicas. À medida que cresce, é importante manter essa cultura viva para manter o espírito da sua marca. Isso envolve treinar novos funcionários, garantir uma boa comunicação interna e celebrar as vitórias da empresa.

Adaptar-se e inovar

O mercado muda rapidamente, e é crucial que seu negócio seja capaz de se adaptar e inovar. Isso pode significar adotar novas tecnologias, explorar novos mercados ou criar novos produtos.

A expansão é um marco empolgante no seu negócio de brigadeiros gourmet. No entanto, é apenas uma fase na jornada do seu negócio. A chave para um sucesso duradouro é manter a paixão e o compromisso com a qualidade que impulsionaram o seu sucesso desde o início.

11.8 CONSTRUINDO UM LEGADO DURADOURO

Construir um legado duradouro vai além do sucesso financeiro. Trata-se de criar um impacto positivo duradouro na sua comunidade e na indústria em geral. Aqui estão algumas estratégias para construir um legado duradouro com o seu negócio de brigadeiros gourmet:

Práticas de negócio sustentáveis

Adote práticas de negócio sustentáveis, como o uso de ingredientes locais e orgânicos, redução de resíduos e embalagens eco-friendly. Isso não apenas reduz o impacto ambiental do seu negócio, mas também ressoa com clientes conscientes da sustentabilidade.

Fundação de caridade

Considere a criação de uma fundação de caridade ou parceria com organizações sem fins lucrativos existentes para dar de volta à sua comunidade. Por exemplo, você pode doar uma porcentagem dos lucros para uma causa que você se preocupa, ou realizar eventos de arrecadação de fundos.

Treinamento e desenvolvimento de funcionários

Invista no crescimento e desenvolvimento de seus funcionários. Ao fornecer oportunidades de treinamento e avanço na carreira, você está construindo um ambiente de trabalho positivo que beneficia tanto seus funcionários quanto seu negócio.

Transição para a próxima geração

Se você está planejando passar seu negócio para a próxima geração, é importante começar a planejar cedo. Isso inclui a preparação de seus sucessores para liderar o negócio e a implementação de planos para garantir a continuidade e o sucesso do negócio.

Inspirar outros

Compartilhe sua história e sucessos para inspirar outros a seguir seus passos. Seja através de blogs, palestras ou mentorias, você pode ajudar a formar a próxima geração de empresários.

Construir um legado duradouro requer planejamento e dedicação, mas os resultados valem o esforço. Seu negócio pode se tornar uma parte integrante de sua comunidade e indústria, deixando uma impressão duradoura que persiste muito depois de sua gestão direta.

É importante garantir que todos os novos produtos ou serviços que crescimento sustentável do seu negócio de brigadeiros gourmet. Uma equipe bem melhor atendimento ao cliente, o que pode diferenciar seu negócio da concorrência.

Treinamento em habilidades de culinária

Para manter a consistência e a qualidade de seus brigadeiros, é vital que sua equipe seja treinada nas técnicas adequadas de preparação de brigadeiros. Isso pode incluir cursos de formação específicos ou workshops de culinária.

Treinamento de atendimento ao cliente

Um excelente atendimento ao cliente pode diferenciar sua empresa da concorrência. Treinar sua equipe para lidar com consultas de clientes, resolver problemas e fornecer um serviço excepcional deve ser uma prioridade.

Treinamento de vendas

Equipar sua equipe com habilidades de vendas eficazes pode ajudar a impulsionar o crescimento do seu negócio. Isso pode incluir técnicas de venda cruzada e venda adicional, bem como treinamento sobre como comunicar efetivamente os benefícios dos seus produtos.

Treinamento em tecnologia

À medida que você adota novas tecnologias em seu negócio, é importante que sua equipe esteja à vontade para usá-las. Isso pode incluir treinamento em novos sistemas de pedidos, processamento de pagamentos ou uso de redes sociais.

Desenvolvimento de liderança

À medida que sua empresa cresce, você precisará de líderes fortes para gerenciar sua equipe. Investir em treinamento de liderança e desenvolvimento pode ajudar a preparar membros da equipe para futuras posições de liderança.

Investir no desenvolvimento de sua equipe não apenas melhora a eficiência e a produtividade do negócio, mas também pode aumentar a satisfação e retenção de funcionários, criando uma cultura de aprendizado e crescimento contínuos.

11.10 CONSIDERAÇÕES FINAIS

Para finalizar o capítulo, vamos sintetizar as principais considerações para o crescimento sustentado e a escalabilidade do seu negócio de brigadeiros gourmet.

Planejamento Financeiro para o Futuro

Como em qualquer negócio, planejar adequadamente para o futuro é fundamental para a sustentabilidade e o crescimento do seu negócio

Aqui estão algumas considerações importantes para o planejamento financeiro futuro

Orçamento e previsão

Você deve desenvolver e manter um orçamento rigoroso para o seu negócio, e fazer previsões financeiras com base no passado e nas expectativas futuras. Isso pode ajudar a evitar surpresas financeiras e a manter o negócio em um caminho sustentável.

Gestão de fluxo de caixa

Manter um fluxo de caixa positivo é crucial para a sobrevivência do negócio. Isso envolve a gestão de despesas, bem como o planejamento para despesas futuras e possíveis contingências.

Poupança e investimento

Parte do lucro do negócio deve ser regularmente reservado para poupança e investimento. Isso pode proporcionar um colchão financeiro para tempos difíceis, bem como fundos para oportunidades de crescimento futuro.

Financiamento para crescimento

À medida que o seu negócio cresce, você pode precisar de financiamento adicional para expandir as operações, comprar novos equipamentos ou contratar mais funcionários. Planejar-se antecipadamente para essas necessidades pode ajudar a garantir que você tenha acesso ao capital necessário quando precisar dele.

Planejamento de aposentadoria

Mesmo como proprietário de um negócio, é importante se planejar para a aposentadoria. Isso pode incluir contribuir para um plano de aposentadoria ou investir em uma carteira diversificada.

O planejamento financeiro adequado pode ajudar a garantir a sustentabilidade do seu negócio de brigadeiros gourmet a longo prazo, e pode dar-lhe a paz de espírito de saber que está preparado para o futuro.

CAPÍTULO 12:
MANTENDO O SUCESSO E PLANEJANDO O FUTURO

Depois de estabelecer e escalar seu negócio de brigadeiros gourmet, você pode se perguntar: "E agora, o que eu faço?". A resposta é continuar a inovar, adaptar-se e planejar para o futuro.

O capítulo 12 é projetado para ajudá-lo a continuar a prosperar com a qualidade e a satisfação do cliente. É aqui que a verdadeira magia acontece, pois você combina seus aprendizados do passado com a visão para o futuro, garantindo um negócio de brigadeiros gourmet de sucesso por muitos anos.

Construir um negócio de sucesso não é apenas sobre começar, é também sobre a sustentação desse sucesso ao longo do tempo e a continuidade do planejamento para o futuro. Aqui estão algumas áreas-chave a serem consideradas.

12.1 MANUTENÇÃO DA QUALIDADE DO PRODUTO

A qualidade dos seus brigadeiros gourmet é o que atraiu seus clientes em primeiro lugar; portanto, a manutenção dessa qualidade é fundamental. Isso pode envolver a regularização dos fornecedores, a garantia de consistência na produção e o recebimento de feedback regular dos clientes para identificar possíveis áreas de melhoria.

12.2 CRESCIMENTO SUSTENTÁVEL

Crescer muito rápido pode colocar pressão indevida em sua equipe e recursos, enquanto crescer muito devagar pode significar oportunidades perdidas. O crescimento sustentável envolve a expansão de maneira a manter a qualidade, preservar a cultura da empresa e garantir a saúde financeira.

12.3 DIVERSIFICAÇÃO DE PRODUTOS

Com o tempo, você pode considerar a diversificação da sua linha de produtos. Isso pode ser tão simples como introduzir novos sabores de brigadeiros ou tão complexo quanto expandir para outras linhas de produtos, como bolos e doces variados. A diversificação pode ajudar a atrair novos clientes e proporcionar múltiplas fontes de receita.

12.4 PLANEJAMENTO DE SUCESSÃO

Se você planeja se afastar do negócio um dia, ter um plano de sucessão é crucial. Isso pode envolver o treinamento de um membro da família ou um funcionário confiável para assumir, ou preparar o negócio para venda.

12.5 AVALIAÇÃO REGULAR

Por fim, é importante realizar avaliações regulares de desempenho do negócio. Isso pode envolver a revisão de métricas financeiras, a avaliação do desempenho da equipe, a realização de pesquisas de satisfação do cliente e a análise de tendências do mercado. Essas avaliações podem ajudá-lo a identificar áreas de sucesso e pontos de melhoria, e informar suas decisões estratégicas.

12.6 CONCLUSÃO: A JORNADA DE NEGÓCIOS DOS BRIGADEIROS GOURMET

O caminho para o sucesso nos negócios de brigadeiros gourmet não é linear. Exige paciência, persistência e a vontade de aprender e se adaptar. Este livro forneceu a você um roteiro para iniciar, operar e expandir seu negócio de brigadeiros gourmet, mas a jornada será única para cada empresário. Aqui estão algumas considerações finais para concluir:

Aprender é um processo contínuo

Os conceitos e estratégias apresentados neste livro são apenas o começo. Continue a aprender sobre a indústria, as tendências do mercado e melhores práticas de negócios. Isso permitirá que você tome decisões informadas e mantenha-se à frente da concorrência.

Construa uma rede de apoio

Não subestime a importância de uma rede de apoio. Isso pode incluir mentores, outros empresários, família e amigos. Eles podem oferecer conselhos valiosos, apoio emocional e até mesmo parcerias de negócios.

Não tenha medo de falhar

O fracasso é uma parte inevitável de dirigir um negócio. Não veja isso como um sinal de que você deve desistir. Em vez disso, veja como uma oportunidade de aprender e melhorar.

Aproveite a jornada

Haverá desafios e obstáculos, mas também muitas recompensas e alegrias. Celebre seus sucessos, aprenda com seus erros, e lembre-se do motivo por que você começou este negócio em primeiro lugar.

Desejo-lhe todo o sucesso na sua jornada de negócios de brigadeiros gourmet. Que você possa encontrar alegria, realização e sucesso nesta doce aventura!

João Augusto Dukas

CASA DO
ESCRITOR

casadoescritor.com